Marion Tauschwitz
Pierre Theunissen

Marion Tauschwitz

Pierre Theunissen

Aus der Provinz in die Provence – ein außergewöhnliches Künstlerleben

Kulturmaschinen

Originalausgabe
Mai 2022

Kulturmaschinen Verlag
Ein Imprint der Kulturmaschinen Verlag UG (haftungsbeschränkt)
20251 Hamburg
www.kulturmaschinen.com

Die Kulturmaschinen Verlag UG (haftungsbeschränkt) gehört
allein dem Kulturmaschinen Autoren-Verlag e. V.
Der Kulturmaschinen Autoren-Verlag e. V. gehört den AutorInnen.
Und dieses Buch gehört der Phantasie, dem Wissen
und der Literatur.

Umschlaggestaltung: Sven j. Olsson
Umschlagfoto: Marion Tauschwitz
Satz: Andrea Deines
Eingestellt bei BoD

978-3-96763-193-7 (kart.)
978-3-96763-194-4 (geb.)
978-3-96763-195-1 (.epub)

Lebensstationen

Kapitel 1
Aller Anfang

Ich will Bildhauer werden

Kleve, 1931–1954

Als ich nach Hause kroch und über den Wall Richtung Kleve guckte, sah ich ein Bild der Verwüstung. Kleve stand in Flammen, der Himmel war pechschwarz und um mich herum rieselte graue Asche. Den schönen sonnigen Tag gab es nicht mehr. Der Schwanenturm war bloß noch ein Stumpf. Die Stiftskirche hatte einen Turm verloren.

Am 7. Oktober 1944 legten dreihundertfünfunddreißig Bomber der Royal Air Force die Stadt Kleve am Niederrhein mit Brand- und Sprengbomben in Schutt und Asche. Im Februar 1945 machte eine weitere Offensive aus der ehemals herzoglichen Stadt, die nur einen Steinwurf von der holländischen Grenze entfernt liegt, eine tote Stadt, ein Grab.

Der dreizehnjährige Peter Theunihsen erlebte dieses Grauen unmittelbar. Unweit seines Elternhauses kauerte er im Gras, als die Leitbomber aus dem lichten Himmel stießen und ihre gefürchteten »Christbäume« setzten – glitzernde, zielmarkierende Leuchtbomben, die dem nachfolgenden Geschwader die Angriffspunkte signalisierten.

Die Jagdbomber zogen so tief über den Jungen hinweg, dass er die Piloten im Cockpit erkennen konnte. Er rannte weg, rannte um sein Leben, rettete sich in einen fremden Luftschutzkeller, wo er das Bombardement abwartete.

Peter hatte Glück. Er überlebte. Fünf seiner Klassenkameraden nicht. Der Anblick der Ruinen von Kleve und Emmerich wurde für den Jugendlichen zur Schlüsselerfahrung künftiger ästhetischer wie politisch-gesellschaftlicher Einstellungen:

Die beiden trostlosen und unmenschlichen Bilder haben sich in mir festgesetzt und meinen Glauben an den lieben Gott, den sie uns weismachten, und an der Menschheit für immer zerstört.

Auf Jahre blieben diese Bilder abrufbereit. In visionärer Erregung suchte Peter Theunihsen Ausdrucksformen, um das erlebte Grauen und die erfahrenen Schrecken des Krieges zu verarbeiten. Sehend, schaffend, schöpfend ordnete sein inneres Auge alle Facetten des Erblickten neu. Nur schöpferisch, künstlerisch würde das Erlebte zu bewältigen sein, würden sich Zwänge und Unfreiheiten abschütteln lassen. 1945 setzte sich der Vierzehnjährige mit seinen Kriegseindrücken in seiner Holzschnitzerlehre auseinander. Expressiv und prophetisch.

Das Erstarken des Nationalsozialismus' und die Entbehrungen des Krieges überschatteten die Kinderzeit Peter Theunihsens: militärische und propagandistische Aufrüstung, Verlust der Privatheit, Not. Krieg war omnipräsent, die Kindheit längst entzaubert. Allgegenwärtig war weiterhin die Drangsalierung durch die Nationalsozialisten, deren Vereinnahmung sich Vater Theunihsen wehrhaft widersetzte. Er war nie in die Partei eingetreten. Nach dem Krieg wurde er deshalb als einer der ersten Kellener entnazifiziert und als Rektor der Schule eingesetzt.

Als die Deutschen die Deiche sprengten und das Land fluteten, um die Invasion der Alliierten abzuhalten, wurde auch Peters Elternhaus von allen Lebensadern abgeschnitten. Wasser schwappte bis in die Räume. In Booten wurde die Familie evakuiert, mit Tod durch Erschießen bedroht, falls Befehle missachtet würden.

Der Krieg war faktisch schon verloren, als die deutsche Wehrmacht den dreizehnjährigen Peter noch zum Drill ins »Ertüchtigungslager« nach Zweifall bei Aachen befahl. Bedenkenlos wären selbst Kinder als Kanonenfutter missbraucht und verheizt worden. So wie sein Bruder Karl-Heinz, der 1943 mit seiner gesamten Klasse von der Schulbank weg zur Feldflak eingezogen worden war, um die Rheinebene zu schützen. Die Jungs waren geschlossen in kurzen Hosen aufmarschiert, um ihre Kindlichkeit augenfällig zu machen, hatten aber die Befehlshaber damit nicht beeindruckt.

Unbeschwert waren Peters Kinderjahre schon vor dem Krieg nicht gewesen. Vater Heinrich Theunihsen hatte wegen der Residenzpflicht für Lehrer mit seiner Familie gleich nach Peters Geburt in Keeken am 3. Juli 1931 die puritanische Dienstwohnung in Kellen bezogen, wo er die Grundschulkinder unterrichtete. Auch seinen Sohn Peter, den verträumten Spätentwickler. Die Theunihsen-Kinder – Bruder Karl-Heinz war vier Jahre, Schwester Elisabeth sechs Jahre älter als Peter – litten auch im Schulleben unter der Unnahbarkeit des Vaters: Der Grundschullehrer verdrosch seine Kinder genauso wie seine anderen Zöglinge.

Lehrer Theunihsen trug seinen Spitznamen »der Schläger« zu Recht.

Kälte innen wie außen. Die Familie hatte sich mit der Ungemütlichkeit ihrer Bleibe arrangiert: Das nüchterne Backsteinhaus verfügte nur in der Küche und im Hof über Wasserhähne, wo man sich sommers wie winters kalt wusch. Im Herbst peitschte der Sturm das Wasser der Rheinseitenarme über den Winterdeich. Der Frost verwandelte die Umgebung in eine spiegelnde Eisfläche. Glitzernde Kälte suchte sich ihre Wege in das Innere des Hauses.

Der große Garten um das Haus diente nicht der Erbauung, sondern der Selbstversorgung. In der Hauptsache lebte die Familie deshalb von eigenen Kartoffeln: Reibekuchen und Bratkartoffeln mit Zwiebeln und Speck, wieder und wieder. Vom Honig, den der Vater mit seinen Bienen erwirtschaftete, profitierte die Familie nicht.

Doch nicht die äußerliche Kargheit deprimierte, sondern die allgegenwärtige Tristesse, die über dem Zuhause lastete. Seit frühester Kindheit hatte der kleine Peter deshalb immer wieder Ausreißversuche unternommen. Schon als dreijähriger Knirps war er auf seinem Dreirädel davongeradelt, um die vom Vater so eng gesetzten Grenzen zu überwinden. Nach Kleve wollte er. Freiheit suchen. Aber Nachbarn fingen ihn ab und brachten ihn ins Elternhaus zurück, wo der Vater ihm eine Tracht Prügel verpasste.

Kleve – Peter Theunihsens erster Sehnsuchtsort. Märchen-Stadt, seit Ritter Lohengrin hier mit seinem Schwan strandete, um für Elsa von Brabant zu kämpfen. Die Schwanenburg ist Kleves Wahrzeichen geblieben.

Kleve – nicht nur der Sage wegen der Ort der Liebe, sondern auch, weil Peters geliebte Mutter Antonia Kreikamp aus Kleve stammte und die Kinder Mutters Bruder Albert nicht nur wegen der Geschenke aus seinem Spielwarengeschäft zum Lieblingsonkel erkoren.

Die Tochter einer Klever Kaufmannsfamilie hatte Hauswirtschaft gelernt, sich im Krieg freiwillig zum Lazarettdienst gemeldet, dort ihren späteren Ehemann Heinrich Theunihsen gepflegt. Keinen Dank, aber eine Infektion handelte sie sich im Lazarett ein, die ihr Gehör zerstörte. Nicht nur deshalb verstummte das Gespräch im Hause Theunihsen. Kälte und Lieblosigkeit des Ehemannes hatte die Frau zu ertragen gelernt, die Härte des Vaters versuchte die Mutter mit sanfter Hand zu mildern. Sie war von Anbeginn Peters Seelenverwandte, bot ihm auch ohne viele Worte in seinen prägenden Jahren emotionalen Halt. Sie hatte Peters schöpferische Kraft erkannt und unterstützt. Ihr früher Tod 1959 ließ einen untröstlichen Sohn zurück.

Glücksmomente in der Kindheit waren rar gewesen. Auch nach dem Wechsel von der Grundschule in die Hindenburg-Schule, die Staatliche Oberschule für Jungen, entkam Peter nicht der strafenden Hand des Vaters. Auf nur mäßige gymnasiale Schulleistungen reagierte Pädagoge Theunihsen mit Druck und Gewalt und sperrte den Sohn jeden Nachmittag mit zusätzlichen Hausaufgaben im Zimmer ein. Nichts war für Peter unerträglicher als der persönlichen Freiheit beraubt zu sein. Der Heranwachsende begehrte auf, floh in die Natur. Ihrem magischen Zauber ergab sich Peter Theunihsen, wird ihm lebenslang erliegen. Beim Kermisdahl, dem uralten Rheinarm zu Füßen der Schwanenburg, kam der Getriebene zur Ruhe. Im Winter entglitt er auf Schlittschuhen dem häuslichen Gefängnis auf den gefrorenen Wasserstraßen.

In der Natur endeten alle Zwänge: die der Schule, des Elternhauses, der Religion. Institutionen, die in jenen Jahren darauf abzielten, gefügig zu machen und Gehorsam zu erzwingen, doch selbst vor Doppelmoral und Verlogenheit nicht zurückschreckten. Dagegen wird Peter Theunihsen sein ganzes Leben lang ankämpfen. Wahrheit und Wahrhaftigkeit wird er einfordern. Von sich, von anderen, von seiner Kunst.

Weil der Vater zum Dialog nicht fähig war, suchte der Sohn schon früh das Zwiegespräch mit sich selbst, hörte auf seine innere Stimme: *Was ist das, das immer in mir spricht? Was denke und fühle ich, haben die anderen Menschen das auch?*

Erstkommunion und Ministrantentum hatten ihren Glanz eingebüßt, denn sein katholischer Glaube war Peter Theunihsen abhandengekommen, als er in jenen Kriegszeiten den falschen Beruhigungsfaktor pastoraler Sätze durchschaut hatte.

Was Dechanten lehrten und katholische Priester in der Kirche verkündeten, erreichte das Herz und den Verstand des Jungen bald nicht mehr. Da hielt er es lieber mit Darwin: Stärkeres würde überleben, und aus Katastrophen könnten Sternstunden erwachsen.

Dem verheerenden Bombardement vom Oktober 1944 konnte der dreizehnjährige Theunihsen deshalb insgeheim einen positiven Aspekt abgewinnen: Ende des Albtraums Schule. Sein Gymnasium war dem Erdboden gleichgemacht, der Schulbesuch deshalb ausgesetzt worden.

Die Familie hatte den Krieg überlebt, doch Peter trauerte um seine so heißgeliebten Kasperle-Puppen. Der Junge modellierte sich Figuren aus Ton, schnitzte ihnen Köpfe.

Ich wollte schnitzen. Einfach mit meinen Händen etwas schaffen, gestalten. Der Zerstörung seiner Umgebung setzte er so schon früh seinen unbändigen Willen entgegen, Neues zu schaffen und ahnte vielleicht zum ersten Mal, was ›gestalten‹ bedeutete.

Ende 1945 kehrte Bruder Karl-Heinz achtzehnjährig aus dem Krieg zurück. Einer, der gekämpft, der getötet hat, drückt keine Schulbank mehr. Ein Jahr vor dem Abitur schmiss der Bruder die Schule hin und wurde landwirtschaftlicher Gutsverwalter im nahen Kranenburg auf dem Landgut der van der Grintens. Schwester Elisabeth machte nach dem Volksschulabschluss eine Hauswirtschaftslehre bei der eigenen Mutter und ließ sich zur Erzieherin ausbilden.

Der Sommer 1945 blieb Peter Theunihsen als unbeschwerte Zeit in Erinnerung, die ihre Leichtigkeit verlor, als die Restitution der öffentlichen Ordnung einsetzte. Alltag sollte wieder strukturiert, der Anarchie ein Ende gesetzt werden. Als für Oktober 1945 die Wiederaufnahme des Schulbetriebs angekündigt wurde, stand Peters Entschluss längst fest: Er würde nicht weitermachen, als hätte es keinen Krieg gegeben. Keinen der alten Köpfe wollte er wieder in der Klasse sehen. Offene Rebellion.

Ich will Bildhauer werden. Ich gehe nicht in die Schule zurück! Der Vater erstarrte. Woher hatte der Junge diese Worte genommen? Welcher Eingebung war er gefolgt? Nie war bei seinem Sohn eine künstlerische Neigung festgestellt worden.

Viele Jahre später, nach dem Tod der Mutter, stieß der Bildhauer Pierre Theunissen in ihrem Nachlass auf ein Foto: Ein Großvater und sein Enkel hocken einträchtig beisammen und schnitzen gemeinsam an einer Skulptur. Sie erwecken totes Holz zu neuem Leben. Geben ihm neue Form. Plötzlich war der Morgen jenes Nachkriegsoktobers 1945 wieder ganz präsent. Mit der Mutter hatte sich Peter ein Bild in einer Zeitschrift angesehen: Ein Großvater und sein Enkel hocken einträchtig zusammen. Sie schnitzen gemeinsam an einer Skulptur, geben totem Holz neue Lebensform. Allegorie für Harmonie, Frieden und Zweisamkeit. Die Mutter hatte das Bild für den Sohn aufgehoben. Pierre Theunissen wurde erst 1981 bewusst: *Dieses Bild ist ein leitendes Element gewesen zu meiner plötzlichen Entscheidung, Bildhauer zu werden.*

Der Zweite Weltkrieg war zu Ende. Doch für Peter Theunihsen begann ein neuer Kampf: der mit dem Vater über seinen beruflichen Werdegang.

Lehrer Theunihsen hatte für seinen Sohn längst eine bürgerliche Existenz auf solider wirtschaftlicher Grundlage vorgesehen. Ein Künstler hatte darin auf alle Fälle keinen Platz.

Der Vater geriet deshalb über Widerrede und Pläne seines Sohnes außer sich, irrte wie von Sinnen durch den kleinen Ort Kellen. Priester Bullmann suchte er auf, den neuen Dechanten. Denn Bullmann war eine Autorität, selbst für Heinrich Theunihsen. Sonntags ging der Kellener zur Messe in die katholische Pfarrkirche St. Mariae Himmelfahrt und verdaute die geistlichen Worte beim anschließenden Wirtshausbesuch. Dem Priester würde Peter Glauben und Gehör schenken. Der Mann Gottes sollte es richten.

»Mein Sohn will Bildhauer werden. Was soll ich nur tun?«

Der Dechant zögerte nicht: »Dann lass es ihn werden.«

Bullmann wusste aus eigener Erfahrung, dass gegen einen übermächtigen Ruf des Herzens nichts auszurichten ist. Deshalb war er Priester geworden. Der Sohn des Lehrers sollte ruhig Künstler werden. Künstler-sein war Berufung.

»Lass es ihn werden!«, bekräftigte er deshalb noch einmal.

Der Vater ging vor der Religion in die Knie. Doch dem Sohn zwang er seinen Willen auf. Eine Lehre sollte er machen. Erst das Handwerk, dann die Kunst. Und die würde er ihm schon noch austreiben. Erst die Lehre beim Holzschnitzer Josef Kopetzky, dann die Kunstgewerbeschule Köln. Vielleicht.

Josef Kopetzky war 1945 unmittelbar nach seiner Kriegsgefangenschaft in das verwüstete Kleve zurückgekehrt, wo er sich 1926 erstmals als freischaffender Künstler niedergelassen hatte. Weil eine Lehre in jenen Jahren grundsätzlich zum 1. April begann, wollte Kopetzky den jungen Theunihsen erst im April 1947 als Schüler bei sich aufnehmen. Peter sollte in der Grundschule Kellen solange ein verlängertes Jahr absitzen.

Die vom Krieg ausgebrannten Lehrer scherte es nicht, dass sich der Halbwüchsige regelmäßig aus dem Unterricht davonstahl. Nicht für die Schule, sondern für das Leben wollte Peter lernen! Und Leben – das waren Spaziergänge an den Altrheinarmen und Besuche bei den in der Nähe stationierten Engländern. Inspiration gaben ihm die einen, Zigaretten die anderen.

Am 1. April 1947 trat Peter Theunihsen dann wie besprochen seine Lehre bei Josef Kopetzky an. Der gebürtige Oberschlesier hatte eine Bildhauerlehre abgeschlossen.

Er war Schüler von Professor Cirillo dell Antonio an der angesehenen Bad Warmbrunner Holzschnitzfachschule gewesen und hatte dessen weichen Südtiroler Holzschnitz-Stil an den Niederrhein gebracht. Auch wenn Kopetzky Mitglied im Niederrheinischen Künstlerbund war – für Peter Theunihsen blieb er immer nur der Handwerker, der versprach, *alles zu lehren was nötig war.* Weil es dafür zehn Mark Lohn pro Monat im ersten Lehrjahr, zwanzig im zweiten und dreißig Mark im dritten Lehrjahr gab, zählte zu Peters Lehrlingspflichten auch das *Aufräumen einer Werkstatt, Gartenwege reinigen, Hecken schneiden, Bürgersteig fegen, Hühnerstallbau, Hühnerpflege, Hühner schlachten, rupfen und ausnehmen. Federwagen schieben, bei den Bauern gegen Naturalien vom Kriegspöbel zerschlagenes Mobiliar wieder aufarbeiten, Milch, Käse und Brötchen holen und mit dem großen Holzbeitel für den Meister das Grobe wegschlagen.*

Wenn der Künstler Pierre Theunissen später in seinen Ausstellungskatalogen mit Ironie auf seine Lehrjahre bei Kopetzky zurückblickte, so wusste er doch, dass der Meister ihm solides Handwerk beigebracht hatte. Mit Abschluss der Ausbildung 1950 beherrschte Peter Theunihsen alle Holzschnitz-Techniken meisterlich. Wusste zu schlagen, zu schnitzen, zu treiben, konnte mit Säge, Beil, Dechsel und Beitel umgehen, hatte Vollplastiken und Reliefs geschaffen. Schätzte er Kopetzkys gegenständliche Figuren auch gering, so hatte er doch gelernt, jedem Holz inneren Ausdruck und individuelle Stimmung abzugewinnen, ihm seine Seele einzuhauchen. Zeit genug, seinen eigenen Stil zu erproben, fand er immer. Die Skulpturen aus der Zeit bei Kopetzky tragen bei aller Hinwendung zu christlichen

Motiven schon unverkennbar die Handschrift des späteren Künstlers Theunissen. Die Last seiner Seele, das Leiden für seine Kunst spricht deutlich aus seinen Madonnen- und Christusfiguren.

Einblicke in wahres Künstlerleben gewonnen hatte Theunihsen aber nicht beim *Kitschbruder* Kopetzky, der die Modernen verlachte und van Gogh für verrückt hielt, sondern bei Arbeitsbesuchen im Atelier von Walther Brüx. Der Sohn des namhaften Altarschnitzers Gerd Brüx war Künstler vom Scheitel bis zur Sohle und unterstrich das in seinem Auftreten: Nie arbeitete er ohne Baskenmütze, rebellischer Ausdruck von künstlerischer Freiheit, Ungebundenheit, Selbstbestimmung. Hatten Franzosen damit doch während der deutschen Besatzung in Elsass-Lothringen ihren Widerstand ausgedrückt! Brüx arrivierte zu einer der wichtigsten Künstlerpersönlichkeiten des unteren Niederrheins, der sich mit Porträtskulpturen von Joseph Beuys und Hanns Lamers sein Denkmal setzte.

In Brüx' geräumigem Atelier in den »Gallien«, einer herrlichen Klever Parkgegend, führte Theunihsen hin und wieder größere Arbeiten für Kopetzky aus. Hatte er freie Zeit, verbrachte er sie zum Leidwesen seines Vaters bei Paul Theissen, um sich im Zeichnen zu vervollkommnen. Theissen hatte sich aus Leidenschaft für die Natur und den Niederrhein als Landschaftsmaler etabliert und war 1946 in den Niederrheinischen Künstlerbund aufgenommen worden.

Bei gelegentlichen Besuchen in Theissens Zeichenklasse überzeugte sich Brüx von Peter Theunihsens Talent: »Nee, nee, komm mal aus der Klasse raus und zum Privatunterricht zu mir.«

Ohne Billigung seines Vaters pilgerte Peter Theunihsen fortan allabendlich nach der Schreinerlehre und jeden Sonntag zu Walther Brüx.

Bald richtete sich Theunihsen sein erstes eigenes Atelier ein: aus einem umgebauten Hundezwinger, den er sich vom Ersparten gekauft hatte und in dem sogar eine günstig erstandene Hobelbank Platz fand. Später funktionierte er den alten Hühnerstall im hintersten Gartenwinkel zum Atelier um.

Die Kunstgewerbeschule Köln weiterhin als lohnendes Ziel vor Augen, musste sich Peter Theunihsen dem Diktat des Vaters ein zweites Mal beugen: Er absolvierte von September 1950 bis April 1952 auch noch eine Schreinerlehre bei Matenaar und Söhne in Materborn, *lernte wieder das Aufräumen einer Werkstatt, mit Fußbodenparkett beladene Federwagen schieben, Nägel und Schrauben nach Längenmaß aussortieren, bis zum blutigen Ende Profilleisten schleifen, Holz hacken, und hier und da etwas Schreinerberuf* – doch immerhin Schreinerberuf genug, um später damit seinen Lebensunterhalt zu bestreiten. Vor allem aber begegnete er dort Menschen, die sein Kunstverständnis schulten, wie zum Beispiel Willy Mohren, Sohn des bedeutenden Spätimpressionisten Joseph Mohren. Dem jungen Architekten verdankte Peter Theunihsen seine erste reale Begegnung mit modernen Plastiken.

Der Ausflug 1952 nach Arnheim zu einer Skulpturenausstellung im niederländischen Sonsbeek Park war den beiden jungen Deutschen, so kurz nach dem Krieg, nur getarnt als Mitglieder eines Hundesportvereins möglich. Sie nutzten die Gunst der Stunde, weiteten ihren Besuch aus und schauten im kleinen Städtchen Otterlo im Skulpturenpark des Kröller-Müller-Museums vorbei. Die Exponate waren die Mühen wert: Peter Theunihsen sah zum ersten Mal eine Skulptur von Henry Moore und war so beeindruckt, dass seine *Knie nachgaben und zu schlottern begannen.* Als 1965 dort Henry Moores Stelen-Gruppe »Drei stehende Motive 1,2,7«, eine Versinnbildlichung der Kreuzigung Christi, der Öffentlichkeit präsentiert wurde, gehörte Pierre Theunissen zu den ersten Besuchern. Der besondere Reiz dieser Skulpturen-Komposition lag für Theunissen in der Wechselwirkung zwischen Werk, Landschaft und historischem Ort. Denn Moores Stelen erhoben sich auf einem ehemaligen Kriegsbunker.

Niederländischer Besuch beehrte vom 23. September bis zum 1. Oktober 1950 die »Klever Burgwoche«, mit der die Bevölkerung das Ende des Wiederaufbaus der Schwanenburg, ihres Wahrzeichens, feierte. Kleve stand Kopf. Die Künstler der Region hatten ihre Werke zur Burg hinauf geschleppt, und Peter und sein Freund Franz Reinders hatten sich für die Ausstellung viel Zeit genommen und deshalb die gemeinsame Mahlzeit verpasst, die dem Vater heilig war.

Der Tisch war abgeräumt. Heinrich Theunihsen würdigte die beiden jungen Männer keines Blicks. »Zu essen gibt es nichts mehr. Ihr seid zu spät.« – *Nicht schlimm, wir haben auf der Burgwoche schon eine Kleinigkeit gegessen.* Peters Widerrede versetzte Heinrich Theunihsen in Rage. Er schmiss den Teller hin, den er gerade abtrocknete, versetzte Peter einen Kinnhaken und dann gleich noch einen Schlag gegen den Kopf und sperrte die beiden jungen Männer im Zimmer ein. Züchtigung, Demütigung, Erniedrigung – vor dem Freund. Das war mehr, als Peter Theunihsen ertragen konnte. Ausbrechen wollte er, sich noch in der Nacht der Fremdenlegion in Frankreich anschließen, für die in Kleve gerade geworben wurde. Nur mit Engelszungen konnte Franz Reinders den Freund überreden, nicht die größte Dummheit seines Lebens zu begehen.

Stattdessen münzte Peter Theunihsen Wut und Enttäuschung in Energie und Leistungswillen um. Er schwor sich, Gott und der Welt und vor allem dem Vater seine Kreativität entgegenzuhalten. Er würde arbeiten. Er würde schaffen. Erschaffen. Verbissen und ehrgeizig stürzte er sich in die Schreinerarbeit bei Matenaar. Und weil er gut war, wurde er früh zu selbstständigen Arbeiten ausgeschickt: In den ersten neu errichteten Siedlerhäuschen in der Umgebung von Kleve baute der Schreinerlehrling Theunihsen wochenlang Treppen ein und verlegte Holzfußböden. Schule fürs Leben, die sich noch auszahlen sollte.

Im April 1952 hatte er die Schreinerlehre nach nur anderthalb Jahren mit der Note »sehr gut« vorzeitig beendet. Sein Gesellenstück war mehr als ein Stück Schreinerkunst. Der Truhe mit eingelegten Kassetten hatte Theunihsen die Koordinaten seines Lebens eingeschnitzt: ungestillte Sehnsucht, unerfüllte Harmonie, unterdrückte Ängste, nicht ausgelebte Sexualität. Was das darstellen solle, fragte ihn der Meister. *Da kennt er nix von,* antwortete ihm der Geselle.

Eltern und Freunde waren zur Gesellentaufe und feierlichen Übergabe der Urkunden gekommen. Aus dem Stimmengewirr heraus fing Theunihsen Gesprächsfetzen auf: Freunde beschworen die Eltern, dem Sohn doch bloß die Flausen vom Künstlerwesen auszutreiben. Peters Freude an der Feier war dahin. Er wollte nur noch weg, fliehen vor Heuchelei, Verlogenheit und Unaufrichtigkeit. Spät in der Nacht kam er *besoffen, auf den Kniescheiben* nach Hause zurück, wo der Vater ihn erwartete: »Damit eines klar ist. Den Bildhauer kannst du dir aus dem Kopf schlagen. Du bleibst Schreiner.«

Einmal mehr stand der Sohn dem Vater zornig und ohnmächtig gegenüber. Und einmal mehr war er zum Opfer bereit, um das angestrebte Ziel doch noch zu erreichen. Peter Theunihsen nahm die Schreinerarbeit auf.

»Du musst unbedingt eine Bildhauerlehre machen. Du vertust deine Zeit!« Die Worte seines ehemaligen Berufsschullehrers ließen ihn nicht los. Der Pädagoge ebnete ihm schließlich den Kontakt zu Alfred Sabisch, einem renommierten Bildhauer, der seit 1937 in Kalkar lebte.

Der aus Sachsen stammende Sabisch war weit herumgekommen. Goldschmiedelehre und Werkkunstschule hatten ihm solides technisches Können, Reisen in Italien, Dänemark, Belgien und Frankreich Weitblick, Erfahrungen und Eindrücke vermittelt. Sein bildhauerisches Werk hatte er mit Tierplastiken, figürlichen Darstellungen und Porträts begonnen und war diesen Themen immer treu geblieben.

Die gezackten Miniaturfotos von Theunihsens Arbeiten besah sich Sabisch genau. Akribisch ging er sie durch, eines nach dem anderen. »Das, was Sie bisher gemacht haben, ist, mit Verlaub, große Scheiße. Aber ich nehme Sie zwei Monate auf Probe.«

Theunihsen verließ wortlos das Atelier des Meisters. Er war wie vor den Kopf gestoßen. Sollte er sein Können so überschätzt haben? Wie sollte es weitergehen, wenn Sabisch ihn nicht behielt?

Schneller als gedacht fand er zur Antwort, denn Peter machte endlich Schluss mit Kompromissen und häuslichen Domestikationsversuchen. Machte einfach Schluss mit der Schreinerarbeit. Nichts und niemand mehr sollte sich seiner wahren Berufung zum Bildhauer in den Weg stellen.

Ohne Sabischs feste Zusage für eine Ausbildung quittierte Theunihsen den Job in der Schreinerei, ließ sich seine Schreinerpapiere aushändigen, die er dem Vater zuhause auf den Tisch knallte. Der reagierte wie man es kannte: Er geriet außer sich, tobte, rannte durch den Garten, bis die erste Wut verraucht war. Als er zurückkam, war sein Sohn weg. War schon auf dem Weg zu Alfred Sabisch, der ihm die Türen zu einer neuen Welt öffnete. Und in der hatte Theunihsen das Gefühl, zu neuem Leben zu erwachen. Endlich wirklich zu leben, zum ersten Mal nur seinem Talent verpflichtet zu sein und Anerkennung für sein künstlerisches Arbeiten zu ernten – auch wenn der Meister darüber keine großen Worte verlor. Peters Talent hatte er erkannt.

Sabisch schickte seinen Schüler viel in die Natur. Ließ ihn zu seinem Leidwesen Pferde und Kühe zeichnen und modellieren, die er begutachtete, kontrollierte und sanft korrigierte. Fast unbemerkt machte er Peter Theunihsen mit moderner Kunst vertraut.

»Du bist neugierig und du hast Talent genug. Ich behalte dich.« Sabischs prosaisches Statement beendete die zweimonatige Probezeit. Täglich fuhr Peter Theunihsen mit dem Fahrrad zur Lehre nach Kalkar und abends wieder zurück. Täglich dreißig Kilometer bei Wind und Wetter, Eis und Schnee. Die Arbeit als Bildhauer war ihm jede

Mühe wert. Er schlug bis zur Erschöpfung Holz und Stein, goss Gips und Kunststein. Schnitzte. Malte. Zeichnete. Zwei Jahre lang, für zehn Mark Monatslohn.

Nur in den ersten drei Monaten erlaubte Sabisch freies Arbeiten. Dann spannte er Peter vollwertig ein.

Die Städte am Niederrhein vergaben im Rahmen für ›Kunst an öffentlichen Bauten‹ großzügige Mittel, von denen Künstler profitieren konnten. Sabischs Entwürfe gewannen Wettbewerb um Wettbewerb, so dass ihm die Aufträge bald über den Kopf wuchsen. Mehr und mehr griff er deshalb auf Theunihsens außergewöhnliches Talent zurück. Bald trugen nur noch die kleinen Gipsmodelle die Handschrift des Meisters, die Ausführungen im großen Stein hatte er ganz in die Hände seines Schülers gelegt. Den sahen die Klever bald überall: auf den hohen Gerüsten über dem Eingang zum Schwanentor oder bei der Kreisverwaltung, die auf dem ehemaligen Gelände des zerstörten »Hotel Maywald« aufgebaut worden war, in dem der Niederrheinische Künstlerbund regelmäßig zu seinen Tagungen zusammenkam. Das Monumentalrelief dort arbeitete Theunihsen eigenverantwortlich aus. Und weil *die Zeiten schwer waren*, hatte er Walther Brüx die obere Wappentafel zum Bearbeiten überlassen, damit auch der sich etwas dazuverdienen konnte. Schließlich profitierten er und Sabisch davon, dass Brüx ihnen sein weitläufiges Atelier für Großaufträge zur Verfügung stellte.

Sabischs Entwurf des Schwanen-Reliefs am Klever Schwanenburgtor schlug Theunihsen in luftiger Höhe aus einem Muschelkalkstein aus der Würzburger Gegend. Am Boden goss er das Modell für den Bronzeguss des Schwans auf dem Burghofbrunnen.

Zwischendurch führte er bildhauerische Arbeiten für Städte der Umgebung aus: Reliefs mal allein in Duisburg und Krefeld, mal zusammen mit Sabisch in Coesfeld und Louisendorf.

Die eigene Kreativität verlor Theunihsen nie aus den Augen. Stets war sein Blick auf der Suche nach brauchbarem Material für seine Arbeiten, denn Material zu kaufen, konnte er sich nicht leisten. Auf einer Schutthalde bei der Schwanenburg entdeckte er eines Abends nach Arbeitsschluss einen vielversprechenden Sandsteinblock, der zu Schotter zerstoßen werden sollte. Schotter, mit dem immer noch klaffende Bombentrichter aufgefüllt wurden. Vom Hausmeister hatte sich Theunihsen das Einverständnis geholt, den Brocken nach Feierabend auszugraben und begann sogleich an Ort und Stelle mit dem Behauen. Aus dem weißen Stein wollte er ein liegendes Pferd schlagen: abstrakt, weg vom Figürlichen. Das Bild hatte er schon im Kopf – wie immer, wenn er mit der handwerklichen Ausführung begann.

»Sie können doch nicht so unerlaubt einen Stein der Stadt Kleve für Ihre Ideen benutzen!« Der Stadtbaudirektor baute sich vor Theunihsen auf. Er gehörte zu denen, die moderner Kunst ohnehin nichts abgewinnen konnten. Zwanzig Mark sollte der junge Bildhauer für den Stein berappen, andernfalls würde die halbfertige Skulptur konfisziert und – was für Theunissen noch schlimmer wog – zerstört und zu Schotter zerstoßen werden. Zwanzig Mark. Zwei Monatslöhne – die Peter seine Kunst wert war. Und schon gar nicht würde er vor der Obrigkeit einknicken. *Der Preis von Kunst ist nicht diskutierbar* – früh schon festigte sich eines von Theunihsens Prinzipien.

Deshalb zahlte er mit zusammengebissenen Zähnen. Als ihm »Liegendes Pferd« nach einer Ausstellung in Kleve dreifach zerbrochen zurückgegeben wurde, war die Skulptur für Peter wertlos geworden. Gilbert Bramm, ein Freund der Familie, rettete und reparierte das frühe Kunstwerk. Bei ihm frisst es heute noch sein Gnadenbrot.

Die Zusammenarbeit mit Sabisch hatte Peter Theunihsen Einblicke in die Vergabepolitik von Aufträgen ermöglicht – und verärgert: Mit großer Regelmäßigkeit wurden Künstler »ausjuriert«. Vor allem die Unangepassten, die Unbequemen, wie der junge Joseph Beuys aus Kleve. *Alle Wettbewerbsbeteiligungen von Beuys in den fünfziger Jahren vor seiner Depression fanden nur Ablehnung. So auch seine freien Arbeiten, Kleinskulpturen, Zeichnungen und Aquarelle.*

Peter Theunihsen war Beuys zum ersten Mal 1950 begegnet, als er die Werke seines ehemaligen Lehrmeisters Kopetzky im Leiterwagen zu einer Ausstellung des Niederrheinischen Künstlerbundes in der Schwanenburg schob. Auf der Straße kamen ihnen drei gestikulierende Passanten entgegen. Besonders ein *junger Mann mit einem rundflachen Hut auf einen ausgehöhlten Kopf geschraubt* erregte Theunihsens Aufmerksamkeit. »Das ist der verrückte Beuys«, raunte Kopetzky ihm zu. Beuys und das Künstlerehepaar Hanns und Ilse Lamers waren auch auf dem Weg zur Ausstellung. Dort hatten die Organisatoren die »Modernen« vom Niederrhein in die erste Etage verbannt: Brüx, Teuber, Sabisch, Klesa, Lamers, Beuys. Ein Bild von Max Ernst hatten sie über den Türstock gehängt, wohl wissend, dass dieser Ort der Tod des Bildes war. Die *(Zu) Spätimpressionisten, die Stillosen, die Kitschbrüder* residierten leicht erreichbar im Erdgeschoss und machten sich über die Modernen lustig. Lachten laut und so despektierlich, dass Beuys sie rausschmiss. Sehr zu Theunihsens Bedauern, den die Modernen beeindruckt hatten. Gerne hätte er mit Beuys über ein kleines Holzflachrelief und einige seiner Zeichnungen gesprochen. Den jungen Theunihsen hatte *dieser neue Einblick in die Moderne stark erschüttert.* Er war hin- und hergerissen *zwischen Annahme und Ablehnung, Verwirrung und Anziehung.* Noch wusste er Beuys' kreativen Ansatz in seinem Kunstverständnis nicht einzuordnen.

Sicher im Urteil über Theunihsen aber war sich der Maler Artur Buschmann aus Wesel, eine der stärksten niederrheinischen Künstlerpersönlichkeiten der neuen Zeit. Als er bei Alfred Sabisch Werke für eine Ausstellung der ›Vereinigung Niederrheinischer Künstler und Kunstfreunde‹ abholte, packte er kurzerhand Peter Theunihsens Tierzeichnungen mit ein und präsentierte sie der Öffentlichkeit. Die war voll des Lobes, die Presse hob die Arbeiten des jungen Klever Künstlers hervor. Der nur beiläufig erwähnte Meister Sabisch blieb vestimmt zurück.

Buschmann war fassungslos, als er hörte, dass Theunihsen sein Talent an der Kunstgewerbeschule vergeuden wollte. »Kommt nicht in Frage! Du musst nach Düsseldorf an die Akademie.« Und er gab ihm eine Empfehlung für Professor Zoltán Székessy.

Mit der stand Theunihsen im April 1954 vor der Akademie in Düsseldorf. Welche Offenbarung, welch neue Welt. Theunihsen verlor sich in Ehrfurcht vor dieser Institution.

Seine Papiere hatte er beim Pförtner abgegeben und verharrte mit Artur Buschmanns Empfehlungsschreiben vor dem Portal mit dem imposanten Messingschild: ›Székessy. 1. Klasse‹. Theunihsen zögerte, hatte die Hand schon erhoben, um zu klopfen, als ihm seine innere Stimme riet: *Nein, nicht hineingehen! Nicht auf Empfehlung einen Versuch wagen und deshalb womöglich scheitern.*

Peter Theunihsen machte kehrt. Kehrte zurück nach Kleve. Ohne Protektion reichte er Zeichnungen und Fotografien seiner Skulpturen und anderer Arbeiten auf offiziellem Wege bei Zoltán Székessy ein – und wurde zum 1. Mai 1954 ohne Vorprüfung in die Klasse des Ungarn aufgenommen.

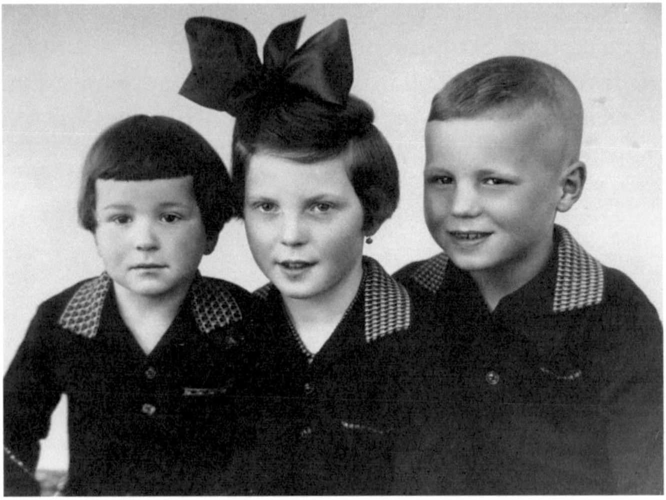

Peter Theunihsen mit Schwester Elisabeth und Bruder Karl-Heinz

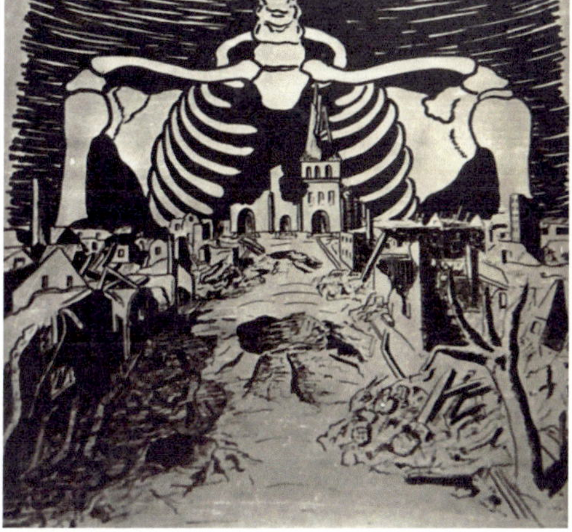

Die Schrecken des Krieges verarbeitete der Vierzehnjährge später in seiner Holzschnitzerlehre bei Josef Kopetzky

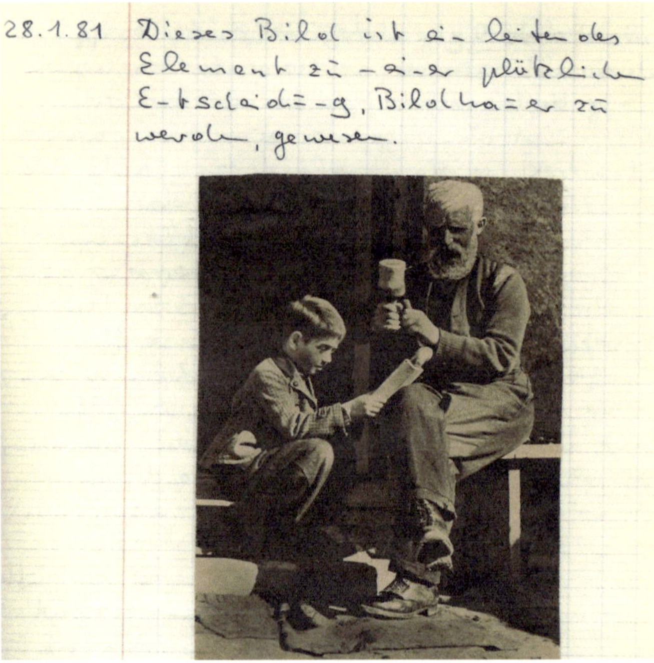

Das Foto aus einer Zeitung war das »leitende Element« zu seiner Entscheidung, Bildhauer zu werden.

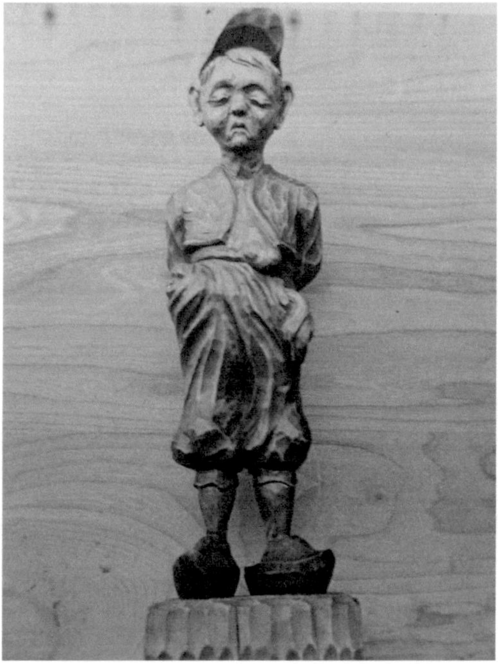

Frühe Werke aus der erstem Bildhauerlehre: jedem Holz seine Seele eingehaucht

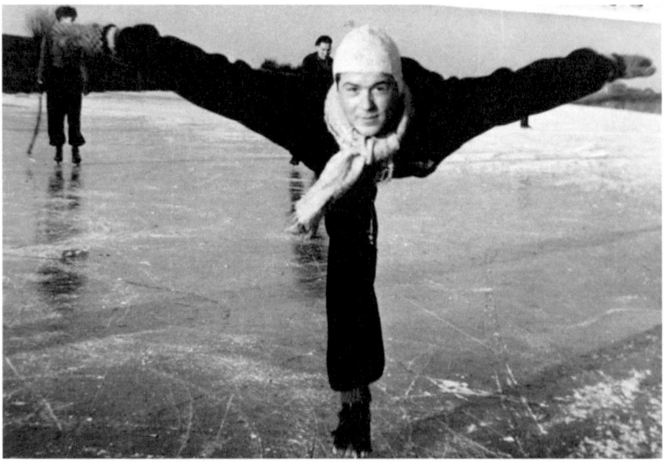

Unbegrenzte Freiheit in seiner Jugend – nur auf den gefrorenen Rheinarmen

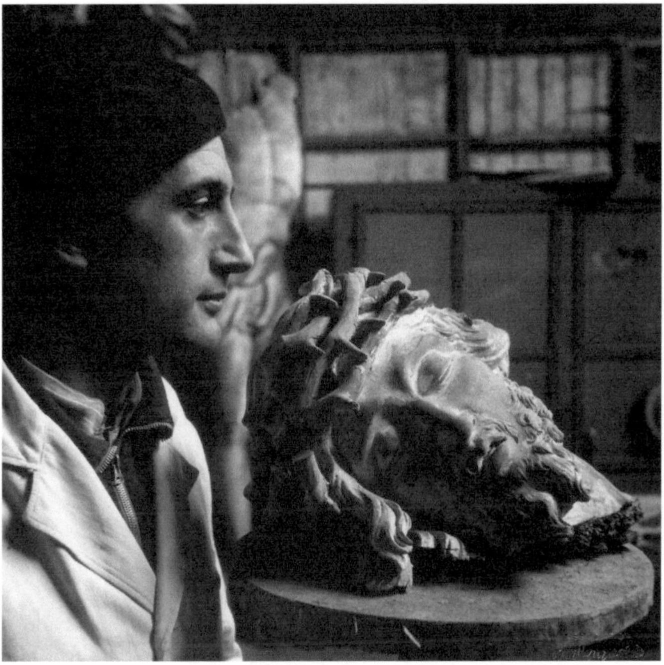

Sonntagskurse bei Walter Brüx, Künstlerpersönlichkeit des unteren Niederrheins, der sich mit Büsten von Joseph Beuys sein Denkmal setzte. Sein Markenzeichen – die Baskenmütze – übernahm der junge Theunissen.

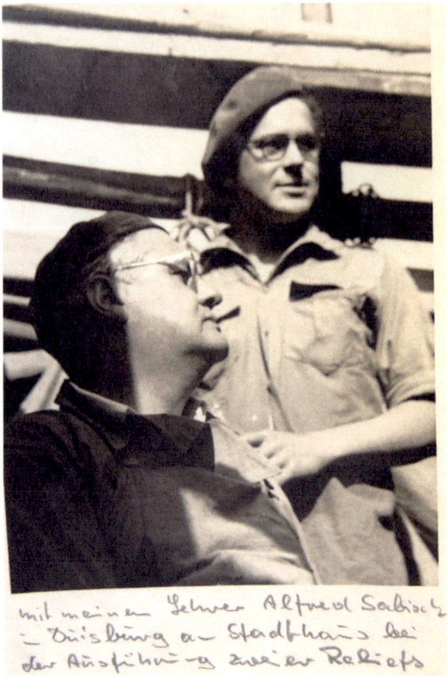

Bildhauerlehre bei Alfred Sabisch in Kalkar.
Nie ohne Baskenmütze.

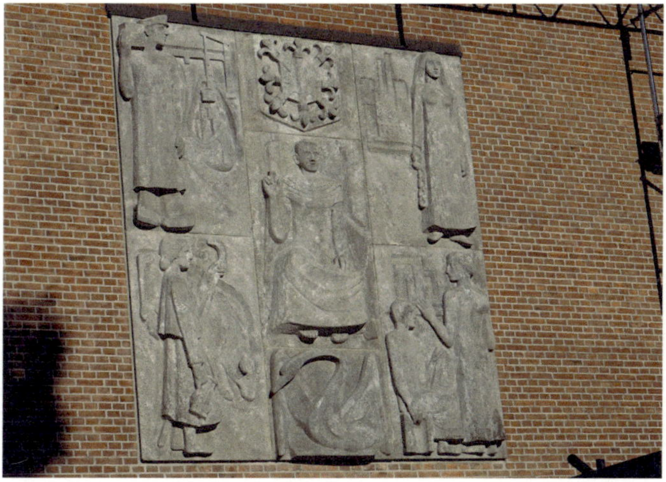

Ausführungen im Großen Stein:
Monumentalrelief an der Klever Kreisverwaltung

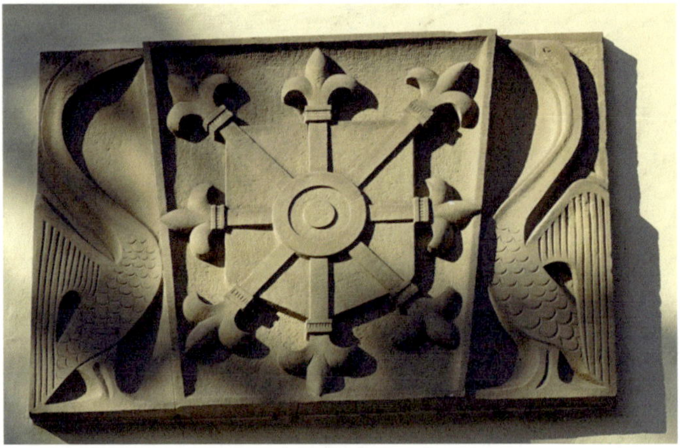

Relief am Schwanentor der Schwanenburg in Kleve

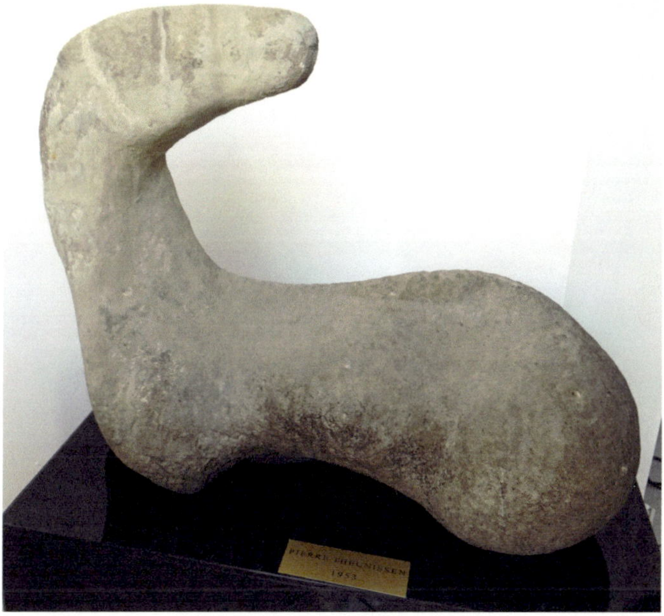

»Liegendes Pferd«. Erste eigene Annäherung an Abstraktion.

Kapitel 2
Lehrjahre

Der Kerl ist begabt. Du musst ihn unterstützen.

Akademien Düsseldorf und Berlin
1954–1958

Düsseldorf. Der wuchtige italienische Renaissancebau der Kunstakademie überwältigte Peter Theunihsen ebenso wie die großzügigen Räumlichkeiten für Professoren und Studenten. Hier konnte und wollte er Neues erproben, seine Kunstfertigkeit vervollkommnen, innere Visionen und abstrakte Ideen in konkrete Formen bringen. Aktzeichnen – Pflicht im ersten Semester – gefiel ihm genauso wenig wie die schlüpfrigen Witze der Kommilitonen. Die Modelle, die sich auf diese Weise ihr Zubrot verdienen mussten, dauerten ihn.

Doch auch er hielt sich mit Gelegenheitsarbeiten über Wasser. Nach wie vor verweigerte sein Vater ihm einen Zuschuss zum Kunststudium. Während des Semesters verkaufte er abends Zeitungen, in den Ferien schuftete er auf dem Gut, wo auch sein Bruder arbeitete, an Wochenenden war er Hafenarbeiter in Neuss. »Ein Sack Zement rechts, einer links auf der Schulter« – die Bärenkräfte des athletischen Studenten waren legendär.

Alfred Sabisch hatte sich mit Theunihsens Vater zusammengesetzt: »Der Kerl ist begabt. Du musst ihn unterstützen.« Doch der Vater blieb bei seiner Meinung: sein Sohn sei alt genug, habe sein Los frei gewählt und müsse nun allein zurechtkommen. Einen Essenszuschuss gewährte er ihm. Peter Theunihsen hatte der Akademieverwaltung seine prekäre wirtschaftliche und persönliche Lage offengelegt – ab dem ersten Semester wurden ihm die hundertacht D-Mark Studiengebühren erlassen und elf Wochen Freitisch gewährt. Im zweiten Semester kam eine Studentenbeihilfe dazu.

Mieten für eine Studentenbude im Zentrum der Stadt blieben dennoch unerschwinglich. So kam der Tipp eines Freundes für eine Baracke im Hinterhof einer ehemaligen Kaserne in Düsseldorf-Ratingen in der Oberstraße 40 wie gerufen. Sie war schäbig, bot weder Heizung noch sonstigen Komfort, garantierte Theunihsen aber freie Hand bei der Gestaltung. Er baute sich den Verschlag in ein Wohnatelier um: karg, funktional, einzig auf seine Bildhauerei ausgerichtet. Ein Wohnmodell, dem er jahrzehntelang treu blieb.

Im Studienbetrieb galt Theunihsen eher als Außenseiter, ja Eigenbrötler. Sein Kommilitone Pieter Sohl erinnerte sich an einen besessenen Kunststudenten. An einen, der sich verausgabte, der jede Minute der freien Gestaltung ausschöpfte, im Gipsraum bis zum Umfallen modellierte. Wenn sich Theunihsen dennoch Kommilitonen zum Flanieren über die elegante Düsseldorfer Kö anschloss, kam er im letzten Moment erst dazu – in gipsverspritzter Arbeitsmontur.

Fotos zeigen einen handfesten Kerl ohne Schnickschnack. Einen, der sich nicht inszeniert. Der gradlinig ist wie seine Kunst. Im Auftreten, im Verhalten. Ehrlich gegen sich und gegen jeden anderen. Dem Lehrbetrieb stand Theunihsen bald kritisch gegenüber. Er erkannte Mängel, kratzte am Glanz professoraler Überlegenheit. Schon im ersten Semester bereute Theunihsen, der Empfehlung Artur Buschmanns für Professor Zoltán Székessy gefolgt zu sein. Der gebürtige Budapester Székessy verkörperte noch die Eleganz der untergegangenen k. u. k Donaumonarchie. Grandseigneur in Habitus und Lehre, mit der er 1952 betraut worden war. Beobachtung schärfen, Wahrnehmung vertiefen, Formenfülle Ausdruck verleihen predigte er seinen Studenten – Fertigkeiten, die Peter Theunihsen in heimischen Gefilden zur Genüge exerziert und längst verinnerlicht hatte. Weiterkommen wollte er, Korrekturen erhalten. Doch gerade damit geizte Székessy, so dass Theunihsen sein Urteil schnell gefällt hatte: Vom *Holzschnitzer aus Budapest* könnte er höchstens noch lernen, *wie man es nicht machen muss.*

Der Aachener Ewald Mataré schien ihm aus anderem Holz geschnitzt. Nicht nur weil er auch Rheinländer war, sondern weil Theunihsen sich mit dessen Vorstellungen und Ansichten spontan identifizieren konnte: »Der Künstler ist eine Steigerung des Handwerks.« Mataré hätte gerne schon Vierzehnjährige in die Akademie aufgenommen und in einer Verbindung von schulischer und handwerklicher Ausbildung bis zur künstlerischen Reife geführt. Matarés klare Strukturen, reduzierte Formen, organische Abstraktionen fußten in der Bauhaustradition. Mit seinen Tierplastiken bekannte er sich zu Hans Arp und Constantin Brâncuşi, denen auch Theunihsen nahestand. Brâncuşi hat alle geprägt, war er doch *der Vorläufer von allem.* Mit neuen Materialzusammenstellungen gedachte Mataré »vielen

Naturalismen den Garaus zu machen […] überhaupt leichter ins Transzendentale vorzustoßen«. Großaufträge hatten ihn zu einem der einflussreichsten Bildhauer der Nachkriegszeit gemacht. Und nicht zuletzt war Joseph Beuys bei Ewald Mataré Meisterschüler gewesen.

Beuys hatte sich 1954 exmatrikuliert und mittlerweile auch von seinem Lehrmeister losgesagt, doch das Gespräch und den Austausch mit Professoren und Studenten in der Akademie suchte er weiterhin. Es blieb nicht aus, dass sich Theunihsens und Beuys' Wege in der Akademie kreuzten, doch zu intensiven Begegnungen kam es erst in Kleve im Atelier von Hanns Lamers.

Der Hinter-Glas-Künstler Hanns Lamers war 1945 aus Kriegsgefangenschaft nach Kleve zurückgekehrt. Ausgezehrt, innerlich und äußerlich. Zum zweiten Mal stand der Achtundvierzigjährige vor dem Nichts, nachdem er schon im Ersten Weltkrieg sein künstlerisches Werk fast gänzlich verloren hatte. Von 1929 bis 1939 führte er in Paris ein Bohème-Leben, lernte dort seine spätere Frau Ilse kennen, eine Teppichdesignerin, und öffnete sich neuen künstlerischen Richtungen. Surrealismus und Kubismus beeinflussten sein Spätwerk. Für die Klever war Lamers einer der ›Modernen‹. Er hatte sich mit seiner Frau im »Belvedere« eingerichtet, lebte und arbeitete im ehemaligen Atelierturm des niederländischen Landschaftsmalers Barend Cornelis Koekkoek.

Junge Kunstinteressierte pilgerten zum »Belvedere«. Lamers förderte sie, stellten ihnen seine Räume für ihre Ausstellungen zur Verfügung. Joseph Beuys zählte von Anfang an zum engen Kreis um Lamers. Er hatte mit seinen Eltern lange gegenüber Lamers' Atelierhaus gewohnt und sehnsüchtige Blicke auf die berühmten Sprossenfenster geworfen. Als Beuys 1946 aus dem Krieg zurückkehrte, ohne Vorstellung über seinen weiteren Werdegang, hatte ihm Lamers zu einer kreativen Tätigkeit geraten und ihn zu Walther Brüx geschickt, der Beuys für die Aufnahme an der Düsseldorfer Kunstakademie vorbereitete. 1950 stellte Lamers ihm Hans und Franz van der Grinten vor: zwei kunstbegeisterte Brüder, die Peter Theunihsen bereits auf ihrem elterlichen Bauernhof in Kranenburg, in der Nähe von Kleve, kennengelernt hatte, auf dem sein Bruder Karl-Heinz arbeitete.

Hans und Franz waren von ihrer Mutter regelrecht infiziert worden für zeitgenössische Kunst. Schon als Teenager investierten sie jeden Pfennig Taschengeld in Kunstblätter, waren immer auf der Suche nach Kunstschnäppchen. Als Joseph Beuys 1951 mit einem Lederkoffer voller Zeichnungen bei den Brüdern auftauchte, überlegten die nicht lange: Sie kauften reichlich und legten damit den Grundstein für das spätere große Joseph Beuys-Archiv des Landes Nordrhein-Westfalen.

1953 organisierten die van der Grintens auf dem elterlichen Bauernhof Beuys' erste Einzelausstellung. Peter Theunihsen hatte sich die denkwürdige ›Stallausstellung‹ in den leerstehenden Räumen nicht entgehen lassen und war bei Beuys' erstem großen Erfolg dabei.

1955 war Theunihsen mit Beuys vertraut genug, um ihn in der Düsseldorfer Akademie um Korrekturen seiner freien Arbeiten zu bitten. Beuys beeindruckte ihn mit *außerordentlicher Professorenbegabung*, war kein *ungenießbarer Intellektueller*, sondern *von einem Fluidum umgeben, einer Strömung, die die Menschen an ihn fesselte*. Vor allem aber empfahl er Theunihsen so genaue und weitreichende Korrekturen wie vor ihm kein anderer.

Im Gegenzug kam der junge Student gerne Beuys' Bitte nach, ihm bei *den Abschlussarbeiten am Koch-Kreuz in Basalt beim Ausgleichen der Oberflächen behilflich zu sein. Es war eisig kalt im offenen, alten Bildhaueratelier der Akademie. Wir arbeiteten gemeinsam im ständigen kalten Durchzug, wo man sich auch nicht durch hartes Arbeiten aufwärmen konnte. Warmhaltende Kalorien fehlten uns beiden. Aber ›Rothändle‹ wurde geraucht.*

Das Kreuz für das Familiengrab wurde nie aufgestellt. Es scheiterte wie später auch Beuys' Entwurf für das Grab seiner Eltern am Einspruch des Bauamts. Die Niederlagen zermürbten, bei Beuys zeigten sich erste Depressionen.

Bei Theunihsen stellten sich erste Erfolge ein: Der alte Friedhof in seinem Heimatort Kellen wurde erweitert, ein imposantes Monument sollte die Stirnwand des Gräberfeldes schmücken. Weil Zoltán Székessy große Stücke auf seinen Schüler Theunihsen hielt, nahm er ihn beiseite: »Die Gemeinde Kellen hat einen Wettbewerb für ein Ehrenmal ausgeschrieben. Ich aber sage: Nix Wettbewerb. Du gehst zur Gemeindeverwaltung und sagst, dass Professor Székessy dich für den Auftrag schickt.« Theunihsens Entwurf wurde vom Gemeinderat einstimmig angenommen. Bürgermeister Peiters' öffentliche Auftragserteilung geriet zum euphorischen Bekenntnis für moderne Kunst der Gegenwart: »Wenn wir Ihnen in Ihrer Kunstauffassung vielleicht nicht alle folgen können, so fühlen wir uns dennoch verpflichtet, der Nachwelt ein Kunstwerk zu hinterlassen, das den Geist unserer Zeit atmet. Wir sind überzeugt, dass Ihr Denkmalsentwurf diesem Anliegen voll und ganz entspricht.«

Für Theunihsen hatte dieser Auftrag Symbolcharakter: Seine Kunst auf dem heimatlichen Gottesacker kam einem Ritterschlag gleich. Vor allem aber war es ein Sieg über die Vorbehalte seines Vaters.

Die fünf Tonnen schwere Muschelkalkplatte aus Würzburg, Millionen Jahre alt, war asymmetrisch – wie das Leben selbst. Sie war Theunihsen Sinnbild der Transformation, Symbiose aus Leben und Tod. Wenn interessierte Einwohner zur Arbeitsstätte pilgerten, trafen sie den Bildhauer oft vor dem großen Stein kniend an. Ganz Inbrunst, ganz Hingabe, fast wie im Gebet versunken. Da war ein Schöpfer am Werk, der mit Kunst in einen Dialog trat, das Gespräch zwischen Mensch, Philosophie und Materie eröffnete. Aus dem drei Meter hohen und zweieinhalb Meter breiten Block schlug Theunihsen die Allegorien von Tod, Trauer und Leben, die von der Grenze alles Lebenden umschlossen und gleichzeitig gesprengt werden. »Das Leben, der Weg und die Wahrheit wachsen hinaus in den Raum der Ewigkeit.«

Mit »Tod, Trauer und Leben« hatte Theunihsen nicht nur die Skala menschlichen Erlebens abgesteckt, sondern sein Künstler-Ich in den Stein gehauen: straffe, unverschnörkelte Liniengebung, waches Gefühl für das Wesen der Bildhauerei, Sinn für Symbolik. Ein Journalist sah im meisterhaft plastisch Dargestellten sogar ein »Symbol für den Zukunftsweg des vielversprechenden Bildhauertalentes«. Würde dieses Talent mit seinen modernen Vorstellungen von plastischer Kunst den Zeitläufen standhalten?

Sechzig Jahre später ist dem Kellener Friedhof längst ein neuer Standort zugewiesen worden, Theunihsens Ehrenmal aber ist standhaft geblieben. Als Kunstwerk auf dem alten Friedhof bei der kleinen Kirche überdauerte auch

Theunihsens Grabstein für Bauer Tenhaaf. Der Student hatte ihn auf Wunsch des Sohnes im ersten Jahr an der Düsseldorfer Akademie aus einem Buntsandstein geschlagen, den er von einer Schutthalde geholt hatte.

Für den Kauf des knallroten Maico, den sich Peter Theunihsen vom Geld dieser ersten großen Auftragsarbeit leistete, zeigte der Vater keinerlei Verständnis. Geldverschwendung war das in seinen Augen und Heinrich Theunihsen stellte endgültig jegliche Unterhaltszahlung ein. Für seinen Sohn Peter aber war der kleine Zweisitzer das Vehikel, mit dem er der Enge und Engstirnigkeit der Kleinstadt entfliehen konnte.

Ein erstes Ziel war Paris. Im Sommer 1955 besuchte er mit seinem Freund Heinz Gernot Museen und Kunstausstellungen und lernte in der Stadt an der Seine, seiner eigenen Kunst einen Platz zuzuweisen. Vom Rumänen Brâncuşi zeigte Theunihsen sich so überwältigt, dass er noch in dessen Museum den Entschluss fasste, sich als Künstler ab sofort zwischen abstrakt und figürlich zu definieren. Schluss mit gefälligen Skulpturen. Das Unerklärliche des Geschaffenen wollte er sichtbar machen und sich dabei nicht von Ästhetik, sondern von Erkenntnis leiten lassen und jedem seiner Werke seinen Stempel aufdrücken. Sie sollten zum Erleben, Nachdenken, Betrachten und Berühren einladen. Sie sollten einzigartig, unverkennbar sein und gleichzeitig dokumentieren, dass sie ihre Erschaffung seinen handwerklichen und geistigen Fähigkeiten verdankten.

Theunihsen vermied immer häufiger den Terminus »Kunst«, sprach stattdessen von *Kreativität*, von *Schöpfung*. Weil Kunst entsteht, *wenn sich beim Bildhauer etwas regt. Wenn ich mit der Arbeit beginne, habe ich das Werk. Deshalb ist der erste Tag der wichtigste. Für mich persönlich ist jede Arbeit ein inneres Erlebnis. Aber sicher ein anderes als es beim Beschauer auslöst. Durch das Erlebnis des Betrachters wird die Skulptur zu einem Kunstwerk. Nicht durch meine Wenigkeit. Fragenden erkläre ich, dass es nichts zu erklären gibt. Sie sollen sich die Arbeiten nur gut ansehen und ihre Fantasie spielen lassen. Sollten sie sie nicht erleben, ist es zum eigenen Nachteil, und deswegen wird die Welt nicht untergehen. Auf keinen Fall sage ich mir zu Beginn, dass ich ein Kunstwerk machen will. Jede einzelne Arbeit wird erst mit der Zeit ein Kunstwerk – oder nicht.*

Zeitlosigkeit und Unerklärbares schlossen für Theunihsen verbindliche Titel aus. Aber er fand, vor allem der Katalogisierung wegen, zu einem Kompromiss: Erst nach Abschluss der Arbeit legte er den Titel fest, der das Geheimnis des Werkes unterstreichen, zur Reflexion anregen und somit Assoziationsfelder öffnen sollte.

Auch im Sommer 1956 verschrieb er sich ganz der Kunst. In Frankreich und auf der Baleareninsel Ibiza studierte er mit einer Düsseldorfer Kommilitonin Stile und Bauwerke: Le Corbusiers »Cité radieuse« in Marseille war 1952 gerade fertiggestellt worden. Auf Ibiza faszinierten die kubistischen Fincas. Die Insel war noch unberührt vom Tourismus. Die jungen Leute kamen bei einem Bekannten in San Antonio unter, erkundeten auf Eseln die ibizenkische Umgebung, zeichneten und skizzierten viel: Menschen, Landschaft, Wasser.

Alfred Sabisch hatte Theunihsen unmittelbar nach seiner Rückkehr aus Spanien eine Ausstellung des Düsseldorfer Künstlerbundes im Krefelder Museum empfohlen und ihm besonders die Exponate des Berliner Professors Karl Hartung ans Herz gelegt. Zum Besuch der Ausstellung packte Theunihsen vorsichtshalber auch einige seiner eigenen Arbeiten ein.

Die Begegnung mit Hartungs Werken war nach Theunihsens eigenen Worten *ein Schock*, allerdings ein positiver, inspirierender Schock. Hartungs Keramikplastiken waren *modern, seine Kunstauffassung aus der Zeit heraus abstrakt und hatte Charakter*. Das war Kunst, die weit entfernt von allem war, was der Student an der Düsseldorfer Akademie gesehen und gehört hatte. Diese Kunst war frei von dekorativen, religiösen, politischen oder denkmalhaften Funktionen. Für Theunihsen waren Hartungs Skulpturen autonome Schöpfung. Da hatte einer nicht mehr ›nachgebildet‹, sondern eigene Visionen entwickelt und seine Ideen, die Metamorphose von Mensch und Natur, in einer faszinierenden Formensprache zwischen Figuration und Abstraktion umgesetzt. Theunihsen war richtig erschüttert von Hartungs neuer Art der modernen künstlerischen Wirklichkeitsdeutung.

Karl Hartung gehörte in den Fünfzigerjahren schon zu den ganz Großen. Seit 1951 lehrte er an der Berliner Hochschule für Bildende Künste und saß als Präsident des Deutschen Künstlerbundes, den er mitbegründet hatte, in unzähligen Gremien. Mit Bernhard Heiliger und Hans Uhlmann zählte er zu den »Säulenheiligen der westdeutschen Nachkriegskunst«, die Berlin wieder zum Zentrum der deutschen Bildhauerei machten, nachdem die Stadt seit der Blockade 1948/49 ihrer Rolle als Kunstmetropole kaum noch gerecht werden konnte. Keine internationale Ausstellung ohne die Symbolfigur für Deutschlands Anschluss an die internationale Kunstentwicklung. Zahlreiche Preise und Ehrungen zementierten seinen Ruf.

Hartung kam von der klassischen Moderne. Studien in Paris und Florenz hatten deutliche Spuren in seinem Werk hinterlassen, nachdem er sich in den späten Zwanzigerjahren in Paris mit Auguste Rodin und Aristide Maillol auseinandergesetzt und Studien der etruskischen Kunst in Florenz intensiviert hatte. Persönliche Begegnungen mit Picasso, Brâncuşi und Henri Laurens hatten ihn zur Moderne geführt. Nach seiner Rückkehr nach Deutschland reihte er sich in die Tradition von Henry Moore, Hans Arp und Constantin Brâncuşi ein. Hartungs biomorphe Skulpturen inspirierten sich an der sinnlichen Fülle der Natur und des Lebens, doch waren sie zur Abstraktion getrieben und Metamorphosen unterzogen. Um das »Unsichtbare sichtbar und das Sichtbare durchsichtig zu machen« durchlöcherte er seine Plastiken, um den Raum einzubeziehen. Er folgte eigenen Inspirationsquellen und schuf zeitlose Ausdrucksformen des Kosmos.

Hartung hatte seine abstrakten Arbeiten vor den Nationalsozialisten geheim gehalten, war aber gleich nach Kriegsende mit seinen Skulpturen an die Öffentlichkeit getreten. Die reagierte verstört und verwarf ungegenständliche Skulpturen als »intellektuellen Nippes«. Dass der deutschen Avantgarde 1955 bei der documenta I in Kassel der Durchbruch gelang, war nicht zuletzt Hartungs Verdienst.

Der Berliner Professor zeigte sich in Krefeld von Theunihsens Skulpturen beeindruckt – und als der junge Bildhauer die Ausstellung verließ, hatte er Hartungs Einladung nach Berlin in der Tasche: Als persönlicher Schüler sollte er in Hartungs Klasse an der Hochschule für Bildende Künste aufgenommen werden. Zum Sommersemester 1956 exmatrikulierte sich Theunihsen in Düsseldorf, schickte seine Unterlagen nach Berlin und zog im Herbst des Jahres in die geteilte Stadt.

Berlin fristete inmitten der DDR ein Inseldasein, war politisch in Berlin-West und Berlin-Ost geteilt und unter die Verwaltung der vier Siegermächte gestellt worden. Entsprechend viele bürokratische Hürden erschwerten einen Zuzug.

Peter Theunihsen drohte im Vorfeld der Anmeldung für die Akademie im Papierkrieg zu ersticken, verzweifelte angesichts lästiger Fragebögen: »Wie denken Sie sich die Finanzierung Ihres Studiums?« – *Aus selbstverdienten Mitteln.* »Welches Fach wollen Sie studieren?« – *Bildhauerei.* »In welcher Abteilung?« – *Bei Prof. Karl Hartung.* »Warum haben Sie sich für das gewählte Fach entschieden? Antwort bitte auf gesondertem Blatt!«

Theunihsen hatte anfangs geduldig Rede und Antwort gestanden, im abschließenden theoretischen Teil aber machte er seinem Unmut Luft. *Ich könnte jetzt auf Ihre Frage antworten, die Freude, Formen zu bilden, oder das Gefühl für Statik, oder mir macht es großen Spaß, dem toten Material Leben zu geben. Es ist ein Teil von dem, was mich hat Bildhauer werden lassen. Der zweite Teil kann auch ein Grund für meine Entscheidung gewesen sein: Der Widerstand meiner Eltern. Aber den dritten Teil, der das Ganze rund macht, kann ich Ihnen wirklich nicht sagen.* Eine Theunihsen-Antwort: aufrichtig und schnörkellos.

Der weitere schriftliche Teil der Prüfung *kotzte* Theunihsen *an*: Warum zum Teufel sollte ein Bildhauer wissen, was Berlin ist? – *Eine Stadt?* – »Nein, ein Land!« Er bestand trotzdem und wurde zur mündlichen Prüfung zugelassen, die am 14.10.1956 öffentlich abgenommen wurde. Der Kandidat Theunihsen sprach »[…] über die Zauberflöte, die er vor 3 Jahren gehört und die einen starken Eindruck auf ihn gemacht hat. […] Staatsbürgerliche Fragen beantwortet er zögernd. Über den Suez Kanal weiß er Bescheid. […] Er wird zugelassen, soll fleissig an den allgemeinbildenden Vorlesungen teilnehmen …« – und war damit endlich offiziell der Klasse von Karl Hartung zugeteilt, der sich väterlich dafür einsetzte, dass von den fünf in Düsseldorf studierten Semestern wenigstens eines in Berlin anerkannt wurde: »Der Stand seiner künstlerischen Arbeiten ist so, dass ich ihm ein Semester anrechnen möchte.«

Auch in Berlin litt Theunissens Studium von Anfang an unter dem Druck des Broterwerbs. Seine finanzielle Not hatte er gleich im Oktober 1956 der Verwaltung vorgetragen, die ihm daraufhin die Studiengebühren erließ. Karl Hartung hatte sich auch hier für seinen Studenten eingesetzt und ihm fleißiges Arbeiten attestiert, obwohl der für Gelegenheitsarbeiten immer öfter den Besuch der Kunstkurse hintanstellen musste. Nachts chauffierte er wohlhabende Berliner von Kneipe zu Kneipe, tagsüber belieferte er Reformhäuser und Lebensmittelgeschäfte.

Elf Jahre nach Kriegsende erholte sich Berlin nur ganz allmählich von den Zerstörungen. Der zerbombte Aktsaal der Berliner Hochschule für Bildende Künste hatte 1957 immer noch kein Dach, aus der Mitte des Raumes wuchs eine Birke, neben ihr hatte ein alter Ginkobaum überdauert. Berlin war eben nicht Düsseldorf, doch dafür profitierte

Theunihsen von Hartung, der ihm Vorbild wurde, der die richtigen Anweisungen gab und gleichzeitig jeden Versuch zur bildnerischen Freiheit förderte. Auf keinen Fall sollten seine Schüler »einen neuen ›Ismus‹ pflegen«.

Theunihsen löste sich in Berlin endgültig von tradierten Motiven. Die moderne Darstellung, die sensible Wahrnehmung voraussetzte, überzeugte ihn. Seine biomorphen Skulpturen waren nicht länger Abbilder eines organischen Vorbilds, sondern Inkarnation seines Geistes. Erscheinungen. Vision war das Modell, dem Theunihsen folgte. Seine Skulpturen wurden reine Form, verwiesen nicht auf real Existierendes. Oft auch kommunizierten sie tiefsitzende Ängste. Theunihsen spielte schon in jungen Jahren mit der Ausdruckskraft des Materials und der symbolischen Sinngebung. Die meisterhafte Handhabung von Meißel und Schnitzmesser erlaubte ihm, jedes Material zu beseelen.

›Pitt‹ Theunihsen nannte er sich in Berlin und teilte sich das Atelier von Hartungs Klasse mit Robert Steiger und Ben Wargin. Den Krefelder Steiger hatte Theunihsen trotz gemeinsamer Studienfahrten nach Paris bald aus den Augen verloren.

Ben Wargin nicht. Der war ein Paradiesvogel und blieb es sein Leben lang: bunt, schrill, unabhängig, kompromisslos. Eben so, wie seiner Meinung nach der wahre Künstler zu sein hatte – radikal und wagemutig in Werk und Auftreten. Wahrhaftig. Das entsprach auch Pitt Theunihsens Kulturverständnis. Beide kamen vom Handwerk und griffen deshalb auf die traditionellen Techniken des Schnitzens und Meißelns zurück, um Vitalität und Spiritualität auf das Material zu übertragen. Wargin und Theunihsen wurden Freunde und blieben doch konkurrierende Kollegen, die um gegenseitige Anerkennung rangen. Ihre seelische Dünnhäutigkeit offenbarten sie dem anderen nicht.

Wargin – später ohne ›r‹ im Nachnamen – blieb streitbarer Aktivist, wurde zum Schrecken der Bürokraten. Er entwickelte sich zu einem der rebellischsten avantgardistischsten Akteure Berlins: Aktionskünstler und Naturschützer. Schon vor Joseph Beuys' Landschaftskunstwerk ›7000 Eichen‹ auf der documenta 7 pflanzte Wagin Bäume, war Pate von mehr als fünfzigtausend Bäumen, Ginkos zumeist. Als ›Baumpate‹ wird er nach seinem Tod am 28. Juli 2021 in die Geschichte eingehen.

Zeitgleich mit Wolf Vostell, Klaus Staeck und Joseph Beuys opponierte er gegen die ›Kunstmafia‹, verschreckte mit kompromisslosen Sprüchen: »Es gibt keine größere Hure als die Kunst« – »Je satter eine Gesellschaft ist, desto mehr darf ihr der Künstler auf den Tisch scheißen« – ganz im Sinne Theunihsens.

Wagins bald eröffnete »Galerie S« zeigte als eine der ersten in Berlin Andy Warhol, Robert Rauschenberg und Roy Lichtenstein. Gleich im Eröffnungsjahr 1962 stellte auch Theunihsen hier aus, zusammen mit Kenneth Armitage, Alexander Gonda, Henry Moore, Eugène Dodeigne. In Wagins Galerie beteiligte er sich 1967 an der Hartung-Gedächtnis-Ausstellung.

Berlin war 1956 eine Stadt, die politisch brodelte. Sie politisierte auch den jungen Studenten Theunihsen, der dem Allgemeinen Studentenausschuss (AStA) der Hochschule beitrat. Dafür flossen ihm ab dem zweiten Semester dringend benötigte achtzig DM Sozialunterstützung zu, denn: »Der neuaufgenommene Studierende Peter Theunihsen hat kein Geld.« Nicht einmal die fünfzehn D-Mark

Aufnahmegebühr konnte er aufbringen. Sein Zimmer in der Grolmanstraße 21 in Charlottenburg bei Familie Müller um die Ecke zur Hochschule hatte er längst gegen eine heruntergekommene Bude in der Fontanestraße 8 in Berlin-Lichterfelde im Westteil der Stadt getauscht. Die war so schäbig, dass der Vermieter sie nur einem Mann zumuten wollte. Waschgelegenheit lediglich im Keller. Dafür war die Bleibe billig. Preiswert essen konnten Pitt und seine Kommilitonen in Ost-Berlin, wo die Westmark begehrt war.

Im Wintersemester 1957/58 zerfleischte Theunihsen sich mit tiefen Zweifeln über den eingeschlagenen Weg. Sein Antrag auf ein ›Sozialstudium‹ – Befreiung von sämtlichen Gebühren und Materialkosten – war ein letzter Versuch, der Misere zu entkommen. Das eigenmächtige Schreiben des Senators für Volksbildung an Theunihsens Vater, um ihn zur Unterhaltszahlung zu zwingen, erwies sich als kontraproduktiv. Der Vater verweigerte nun erst recht seine Unterstützung und ein Weiterstudieren in Berlin scheiterte an den finanziellen Möglichkeiten.

Manifestierte Theunihsen seine Distanz zum Elternhaus durch die Modifikation seines Familiennamens? Im November 1957 unterschrieb Peter Theunihsen seine Hochschuldokumente zum ersten Mal mit Peter ›Theunissen‹.

Seine finstere Stimmungslage schlug sich auch in seinen Werken nieder: Düster ist Theunissen »Autoporträt« von 1958. Die Physiognomie des Vaters überlagert das Künstler-Ich, ist Gefängnis, das den Atem erstickt. Nur mühsam wird das Ich unter den Kugelschreiber-Schraffuren sichtbar.

In dieser desolaten Lage schienen Briefe von Theunissens ehemaligem Düsseldorfer Kommilitonen Pieter Sohl neue Perspektiven zu eröffnen. Den Sohn des Heidelberger Expressionisten Will Sohl hatte es nach Afrika verschlagen. Doch nicht der Künstler, sondern der Ehemann und Wäschevertreter schickte seinem ehemaligen Studienfreund farbenprächtige Schilderungen vom schwarzen Kontinent. Er machte dem ausgehungerten Theunissen den Mund wässrig mit schwärmerischen Schilderungen von Kameruns unerschöpflichen Ideenquellen, außerordentlichem Reichtum der Natur, unerhörten Herausforderungen für Künstler, freiem Leben. Und die Rede war von Geld, von viel Geld, das sich dort unten schnell und leicht verdienen ließe. Monatelang tauschten die beiden Briefe aus, im Frühjahr 1958 beantragte Peter Theunissen ein Visum für Kamerun. Vater Will Sohl versprach, seine Beziehungen zu einem Hamburger Reeder spielen zu lassen und sich um Peters Schiffspassage zu kümmern. War Berlin auch eine *reiche und glückliche Zeit*, so hatte sie den jungen Bildhauer doch niedergerungen.

Karl Hartung war verreist, als sich Theunissen von ihm verabschieden wollte. Und so erreichte den väterlichen Freund nur ein liebevoller Dankesbrief. Von Studien-Abbruch war darin keine Rede, sondern von Studien-Unterbrechung wegen einer ausgedehnten Studien-Reise nach Afrika. Nach ein bis zwei Jahren wolle er in Berlin *die gesehenen Dinge verarbeiten.*

Vorerst kehrte Theunissen nach Kleve zurück und wurde gleich von Alfred Sabisch für ein Großprojekt geködert: Das neuerbaute Klever Hallenbad sollte ein Relief erhalten, das Sabisch in der typischen Bildsprache der Fünfzigerjahre entworfen hatte: Menschen auf dem Weg in die neue Zeit, aus roten, braunen und sandfarbenen Klinkern gelegt. Alltag gewordene Kunst.

Wieder dokumentierte die Presse interessiert Theunissens Arbeitseinsatz, den Sabisch enttäuschend mager entlohnte. Just zum Abschluss der Arbeit kam per Post auch noch die Ablehnung des Visums für Kamerun, und Hanns Lamers begegnete einem am Boden zerstörten Theunissen. Zur Aufmunterung lud er ihn für den Abend in den Atelier-Turm ein. Langjährige Freunde aus Frankreich hatten ihren Besuch angekündigt: der Fotograf Willy Maywald und seine Schwester Helene. Lamers ahnte nicht, dass dieser Abend zum Wendepunkt in Theunissens Leben werden sollte.

Willy Maywald war eine schillernde Persönlichkeit aus dem Clan der mondänen Klever Hotelierdynastie Maywald, bei denen russische Prinzessinnen und englische Lords ein- und ausgegangen waren, bis der Erste Weltkrieg das Familienunternehmen auslöschte.

Maywald bewegte sich sein Leben lang in illustren Kreisen, hatte während seiner Berliner Studienzeit Alfred Kerr, Erich Kästner, Else Lasker-Schüler und Kurt Tucholsky getroffen.

1931 hatte er Deutschland den Rücken gekehrt und als Fotograf in Paris die Welt der Künstler erobert. Er war bei Schauspielern, Schriftstellern, Filmemachern, Chansonniers zuhause. »Artistes chez eux vus par Maywald«: Georges Braque, Pierre Soulages, Maria Elena Vieira da Silva, Emilio Gilioli, Ossip Zadkine, Marc Chagall, Maurice Utrillo, Fernand Léger, Georges Mathieu und selbst Picasso gewährten ihm Einblicke in ihre Ateliers. In erster Linie aber inszenierte Maywald Mode für die berühmtesten Modehäuser: Pierre Balmain, Pierre Cardin, Elsa Schiaparelli, Nina Ricci, André Courreges, Coco Chanel. Vor allem in Christian Diors glamouröser Welt wurde Maywald unentbehrlich, war sein Hausfotograf.

Erst kurz vor seinem Tod 1985 beleuchtete Maywalds Autobiografie die schmerzhafte Seite seines Lebens. Erst da erzählte er von Verfolgung, Exil, Inhaftierung in französischen Lagern, schilderte seine Deportation nach Les Milles und die Rettung durch Dora Maar in Cagnes, die ihn bei sich versteckt gehalten hatte.

Die Geschwister Maywald hatten unweit von Grasse ein Ferienhaus erworben und luden Peter Theunissen an jenem Abend im Turm bei Lamers zu sich nach Frankreich ein. Die Provence sei ein fruchtbarer Boden für Inspiration und Bildhauerei, vielleicht besser noch als Afrika. Und ein tüchtiger Handwerker kam ihnen gerade recht.

Am 1. August 1958 machte sich Peter Theunissen mit fünfhundert D-Mark Erspartem auf den Weg. Sein Abschied von der Mutter fiel schwer, vom Vater schied er ohne Gruß.

Er hatte seinem kleinen roten Maico wohl zu viel zugemutet: Überladen mit Habseligkeiten, Büchern und Bildhauerutensilien, brachen in einer Kurve auf der Route Napoleon die hinteren Schraubbolzen. Der Wagen sackte ab, ließ sich nur mit Mühe und viel Glück in eine Werkstatt manövrieren. Die erste deutsch-französische Verständigung ohne gegenseitige Sprachkenntnisse wurde dann aber erfolgreich absolviert: Theunissen zeichnete und der Mechaniker reparierte nach diesen Piktogrammen.

Betörender Jasminduft lag in der Luft, als Peter Theunissen im Morgengrauen des 6. August 1958 das Anwesen der Maywalds im Süden von Grasse ansteuerte.

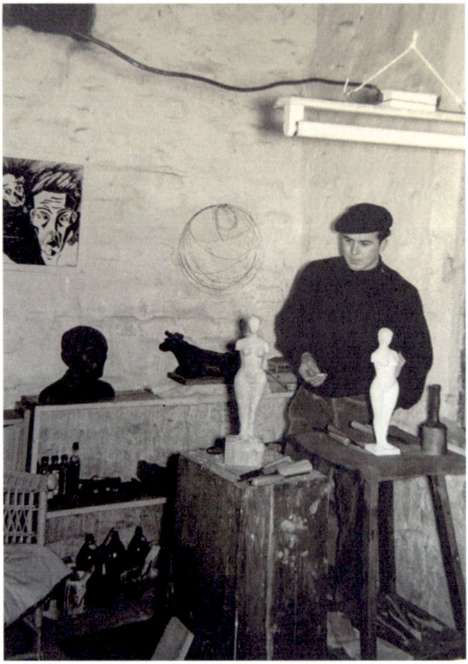

Pierres Studentenbude in Düsseldorf – karg, funktional, einzig auf die Bildhauerei ausgerichtet

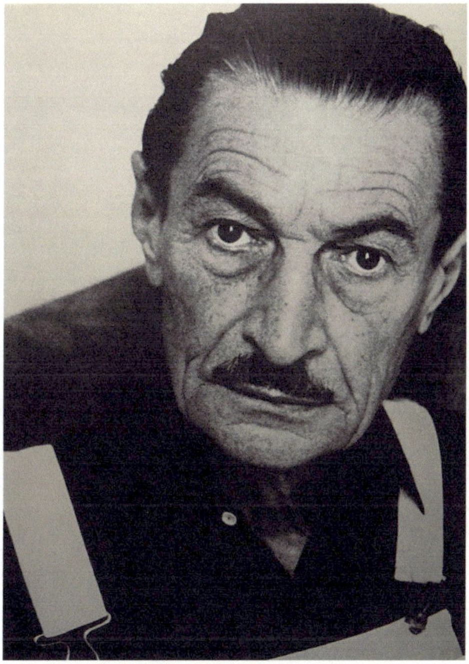

Professor Zoltán Székessy von der Kunstakademie Düsseldorf

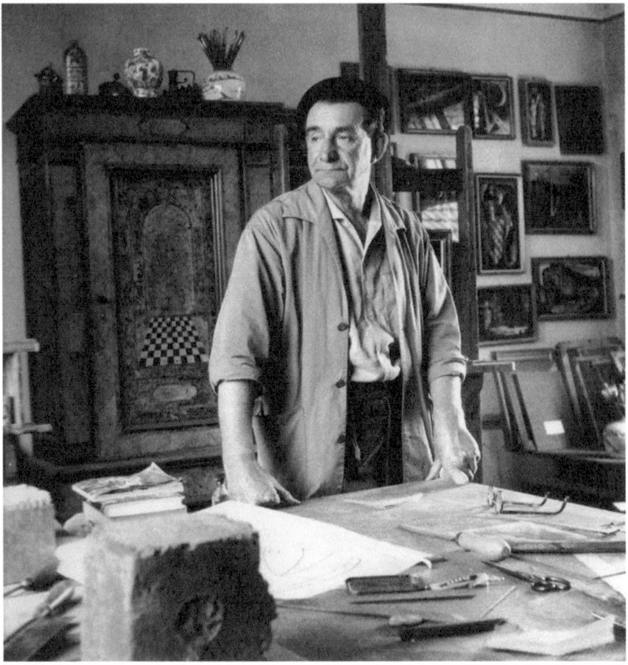

Treffpunkt für junge, moderne Kunstinteressierte: der Atelierturm »Belvedere« des Klever Künstlers Hanns Lamers

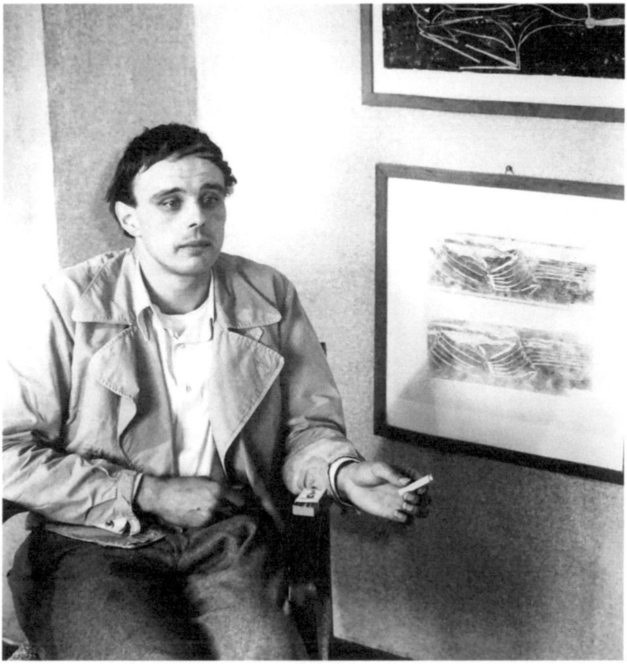

Im »Belvedere« lernte Pierre Theunissen den jungen Joseph Beuys kennen

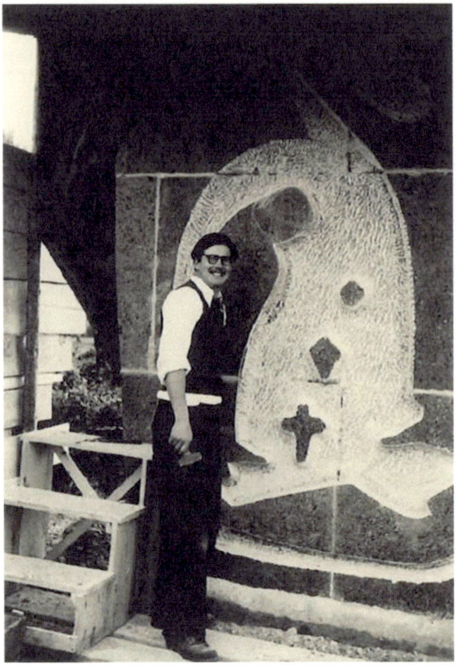

Erste Auftragsarbeit für Pierre Theunissen 1955:
das Ehrenmal für den alten Friedhof in Kellen,
»Allegorie von Tod, Trauer und Leben«

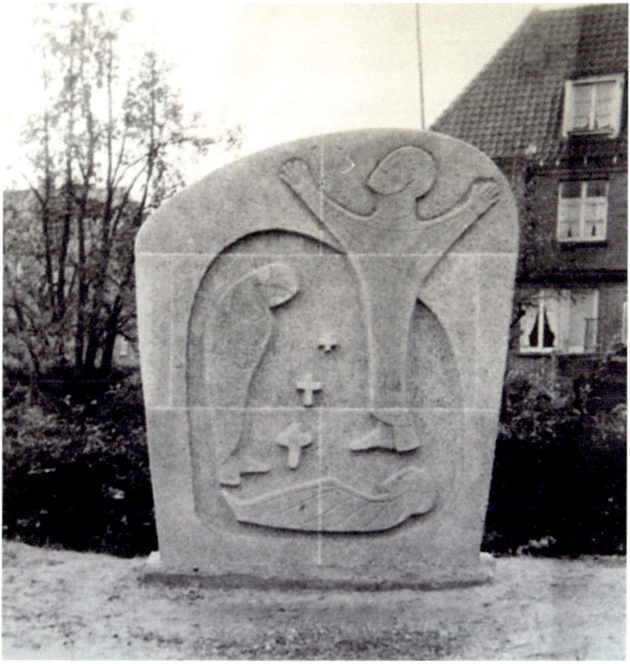

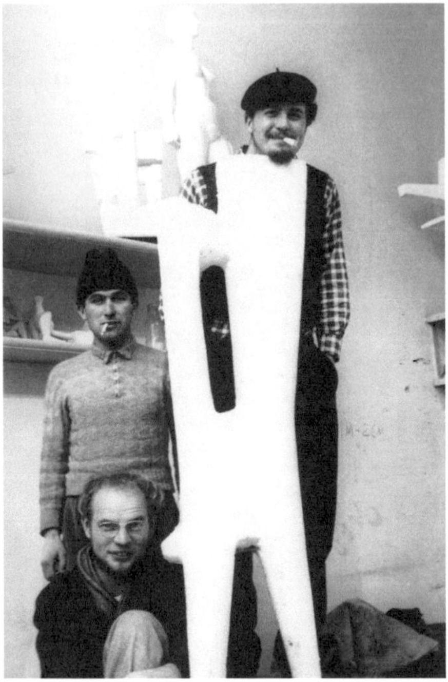

Drei Freunde an der Berliner Hochschule für Bildende Künste, die sich das Atelier teilten: Ben Wagin, Robert Steiger und Pierre Theunissen. Streitbare Aktivisten. Kompromisslos ihre Kunst.

Kapitel 3
Palmenholz

Ich glaube, hier in aller Stille meinen Weg zu finden

Frankreich, 1958–1962

Im provenzalischen Blau verlor sich die Schwere des Niederrheins. Jasmin durchpulste die Luft, silbergrau flirrten die Blätter der Olivenbäume im Wechselspiel von Licht und Schatten.

Wirkliche Freiheit hatte Pierre Theunissen bisher nicht gekannt. Hier wollte er sie leben. Freiheit des Individuums und des Künstlers. Gleich nach seiner Ankunft in Frankreich nannte sich Peter nun Pierre. Nur für den *verehrten Herrn Professor Hartung* blieb er immer der *Schüler Peter Theunihsen*. An der Kommunikation mit den Menschen, die ihn geprägt und seine Entwicklung gefördert hatten, hielt er fest.

Der Bildhauer als Demiurg. Theunissen schuf sich einen Kosmos, in dem es sich am besten mit sich selbst lebte. Er war überzeugt, in der Zurückgezogenheit und der berauschenden Landschaft *hier in aller Stille [s]einen Weg zu finden*. Einsamkeit und Stille und nur noch seiner Arbeit verpflichtet zu sein. Freiheit. Deshalb logierte er nicht im Haus der Maywalds, sondern baute den verfallenen Cabanon am Ende des Grundstücks zu seinem Wohnatelier um.

Selbstzweifeln überfielen ihn auch dort: War der eingeschlagene Weg der richtige? Konnte er seinem Anspruch als Künstler genügen? Würden seine Werke Bestand haben? Antworten musste die Zeit geben. Seinem Tagebuch, seinem zweiten Ich, vertraute Theunissen an, was er *sonst keinem sagen konnte: Wo bist du mein Ich? Komm und erlöse mich von dem, was so schwer auf mir lastet. Ich bin bereit, Dir, mein Ich zu dienen.* Von Anfang an unterwarf er sich physischer und mentaler Disziplin, hielt an einem strikten Tagesablauf fest: in ausgedehnten Spaziergängen die Gegend kennenlernen, Skizzen machen und bis zum Abend gestaltend arbeiten. Anschließend lesen und Tagebuch schreiben bis spät in die Nacht, um Alpträumen zu entkommen. Duldsamkeit hatte er von der Mutter gelernt. Opfer und Entbehrungen würde er auf sich nehmen. Bloß scheitern, scheitern wollte er nicht.

Täglich durchstreifte Theunissen die umliegenden Olivenhaine, sein Skizzenbuch füllte sich. Den erhofften Olivenholzstamm zum Bearbeiten fand er nicht, doch auf einer Müllhalde entdeckte er unter der steilen Abbruchkante einen Stamm: etwa eineinhalb Meter lang und einen halben Meter im Durchmesser. Eine ideale Größe zum Behauen und kostenloser Werkstoff obendrein. Abfall zu rehabilitieren hatten ihn Elternhaus und Krieg gelehrt.

Theunissen ließ sich in den Müll hinuntergleiten, in dem er bis zur Hüfte versank. Er watete durch den Unrat dem Stamm entgegen, der sich als Palmenholz entpuppte. Die faserige Außenrinde war angekohlt, das Holz hatte sich mit übelriechendem Wasser vollgesogen und war deshalb schwerer als gedacht. Er zerrte und zog den Stamm zum Rand der Böschung, konnte ihn erst beim dritten Anlauf über die Kante wuchten. Erschöpft, durchnässt und stinkend saß er in der Glut der Mittagssonne. Seine Kräfte reichten nicht mehr aus, um den Holzstamm wegzutragen. Er holte seinen kleinen roten Maico, ignorierte Dreck und Gestank und chauffierte den Fund auf dem Beifahrersitz zum Haus der Maywalds.

Palmenholz. Theunissen hatte noch nie mit solch einem Material gearbeitet, das sich in jeder Hinsicht als Herausforderung entpuppte. Schon das verkohlte Außengewebe abzuschälen, war ein Kraftakt. Das abgestorbene Dauergewebe widersetzte sich seinem einfachen Handwerkszeug, ergab sich nur widerwillig den Schlägen seines geschliffenen Stecheisens, das feine mineralische Einlagerungen im Holz umgehend wieder stumpf werden ließ. Doch schließlich hatte er das schneeweiße Palmenherz freigelegt. Und das belohnte mit unerwartetem Farbenspiel: Das reine Weiß nach der ersten Schälung verlor sich beim Trocknen in Violett-Tönen, bis es in Erdfarben changierte. Metamorphosen, die Theunissen faszinierten und sofort für das Material einnahmen.

Palmenholz besteht nur aus Splintholz, hat keine Zuwachszonen. Das Holzbild wird ausschließlich von gleichmäßig verteilten Leitbündeln bestimmt. Im Querschnitt zeigen sich die Leitbündel beim Bearbeiten als winzige dunkle Pünktchen. Faserzellen und Zellstränge sorgen für den Nährstofftransport, speichern in Trockenperioden aber auch einen enormen Wasservorrat und bieten Schutz gegen Feuer. Bei Theunissens geschältem Palmenblock traten deshalb in den nächsten Tagen keine Risse auf, wie das bei normalem Holz oft der Fall sein kann.

Neues Land, neuer Werkstoff – Allegorie seines neuen Lebens?

Was in sieben Jahren Lehre und acht Semestern Kunstakademie nicht gelungen war, hatten diese ersten Tage in der Provence zustande gebracht: Pierre Theunissen hatte zu seinem persönlichen Material gefunden. Palmenholz wurde Ausdrucksmittel seiner eigenen Sprache. Es verlangte dem Bildhauer die Gratwanderung ab, der Natur ihre Eigenart zuzugestehen und sie gleichzeitig seinem schöpferischen Willen zu unterwerfen.

Ich bin wohl der einzige Bildhauer auf der Welt, der dem Palmenholz eine bildhauerische Qualität geben kann. Theunissen hat diesen Weg als erster beschritten. Seine Arbeit ging aus keiner Schule hervor, berief sich auf keinen ›-ismus‹.

Sich auf Palmenholz einzulassen, hieß, entweder wahnsinnig oder wahrer Künstler zu sein. Der Werkstoff könnte leicht zum Tod eines jeden Bildhauers werden. Das Holz würde nie durch Maserung, Glanz oder Schönheit seines Materials bestechen, doch genau diese *so zurückhaltende Mattheit des Palmenholzes* reizte Theunissen. Der das Material durch seine Handwerkskunst adelte, seinen Palmenholz-Skulpturen Noblesse verlieh durch Perfektion, faszinierende Formensprache und Raumerfüllung. Der Bildhauer schuf keine ›schönen‹ Skulpturen im herkömmlichen Sinne, aber ausdrucksstarke, außergewöhnliche Plastiken. Einzigartige Werke, die auf eine ungegenständliche Weise gegenständlich waren.

Das Material duldete auch keine scharfen Kanten, denn die würden die angeschnittenen Leitfasern lockern. Dieser Werkstoff verlangte sanfte sinnliche Formen, forderte sie geradezu ein und war deshalb wie kein anderer *so nahe dem Fleischigen entgegen gegangen.* Palmenholz betörte mit ästhetischer Sinnlichkeit.

Tatsächlich hatten Theunissens Palmenholz-Skulpturen anfangs alle *etwas mit dem menschlichen Körper zu tun.* Hatten so viel sinnliche Ausstrahlung, dass sie mitunter verstörten: Keine Stunde, nachdem Pierre Theunissen im Mai 1983 seine Arbeiten für die Ausstellung im Bahnhof von Cannes ausgeladen hatte, erhielt die Direktion einen Anruf vom Vorgesetzten aus Marseille mit der Aufforderung, Theunissens *pornographische Arbeiten zurückzuziehen.* Besonderen Anstoß erregte die Skulptur »Wer bin ich?« (Qui suis-je), die ihr Erschaffer später in »Fruchtbarkeit« (fertilité) umbenannte: Auch ohne viel Phantasie erkannte der Betrachter den Lusttropfen, der aus dem sinnlichen Penis quillt. »Die Krankheit ist zu weit fortgeschritten« (La maladie est trop avancée) ließ Theunissen nach dieser Diskussion dann lieber gleich im Atelier: Denn die Skulptur versinnbildlichte die Ausbreitung von AIDS in den Achtzigerjahren und zeigte schonungslos die Verletzlichkeit des menschlichen Organs, das von der Krankheit befallen ist. Es klafft eine offene Wunde. Bloß liegt die Haut, nur von Muskelmasse gehalten. Die natürlichen Einfärbungen der Holzfasern hatte sich Theunissen zunutze gemacht, um Siechtum, Verfall und Leidensprozesse augenfällig zu machen.

Pierre Theunissen war kein *Skandalmacher.* In Cannes nahm er die umstrittene Plastik aus der Ausstellung – *und alles ist ruhig verlaufen.* Doch sein Anliegen, die Betrachter für moderne Kunst zu sensibilisieren, war in seinen Augen gescheitert. Die Menschen setzten sich auf die Kunstwerke, um ihre Baguettes zu essen. *Unkultivierte Weiber drückten ihre viel zu langen Fingernägel* in seine Skulpturen, *ohne Gefühl für sensibles Tasten.*

Wenn sich auch Galeristen und Museen lange gegen diese neue Plastizität sperrten – Theunissen war sich von Anfang an sicher, Außergewöhnliches zu schaffen und *damit in der Zeit recht zu behalten.* Im Palmenholz rang Theunissen der ästhetischen Wirklichkeit eine neue Realität ab.

Die innere Aggression, mit der sich Theunissen dabei dem Holz näherte, manifestierte sich in den späteren Titeln seiner Werke: »Druck« (Pression), »Thermische Regulation«, »Doppelform«. »Zusammengedrückte Linie« (Ligne droite compressée) ging in die Stiftung Schloss Moyland ein, Museum für moderne und zeitgenössische Kunst, in der sich auch das Joseph Beuys-Archiv von Nordrhein-Westfalen befindet.

Erst wenn Theunissen seine Visionen in seinen Skulpturen umgesetzt hatte, betrachtete er sie als ›wirkliche Skulpturen‹, die den *Raum nach allen drei Richtungen in gegensätzlicher Spannung ausfüllen und beim Umgehen den Beschauer mit sich ziehen durch seine immer neue oder andere Formauflösung. Die andere Seite, die unsichtbare Seite muß für den Beschauer eine Entdeckung werden, und nicht erratbar sein, und die seitlich sichtbaren Formen müssen den Beschauer immer wieder in die Sculptur ziehen. Wenn ein Beschauer vor einer Sculptur stehen bleibt wie bei einem Bild, ist die Sculptur schlecht. Zumindest keine Sculptur. Wenn der Betrachter nicht berühren will, hat der Künstler versagt. Eine Sculptur muss dem Beschauer Tastgefühle entlocken, muss den Beschauer dreidimensional durchdringen. Augen, Fingerspitzen und Sinne müssen die Form zugleich erfassen wollen. Dann ist dem Bildhauer eine gute Sculptur gelungen, und der wirkliche Sinn einer Sculptur erfüllt. Die Sinne und die Sinnlichkeit sind das nötige innere Leben einer Sculptur.*

Solange seine Sinne das Material nicht zu durchdringen vermochten, wurde *die Geburt einer Plastik so schmerzlich wie die eines Menschen. Die kurzen Einblicke in das, was werden soll, erscheinen gleich den Wehen einer werdenden Mutter. […] Tiefe seelische Not, und Glück ohne Grenzen lösen sich in so kurzen Zeiträumen ab, daß man sehr stark die unlösliche Bindung an die eigene Bestimmung empfindet.* Doch sobald im Künstler die schöpferische Idee gewachsen war, das Bild einer Plastik vor Augen stand, erlaubte seine handwerkliche Perfektion spontane freie Entfaltung.

Im Spätsommer 1958 begann Pierre Theunissen mit der Arbeit an seiner ersten Skulptur aus Palmenholz. Er hatte sich Zeit gelassen, lange auf den Ruf seines Ichs gewartet. Nach mehr als einem Monat erst hatte das Holz zu ihm zu ›sprechen‹ begonnen und er konnte die Skizze vollenden. *Der Palmenstamm und ich sind nicht mehr einsam, wir sind Eins geworden. […] Der dunklen Erde entronnen, strebt alles der Sonne entgegen.*

Zweifel und Depressionen waren überwunden: *Eine Sculptur formen, bedeutet für mich, mich immens frei machen von allem Schweren, Dunklen, Erstickenden, Zerreißenden und Sinnlosen.* Theunissen offenbarte dem Stamm sein Leben. Er verarbeitete Seelenschmerz und Freude in ihm und erwartete von der Skulptur, diesen Prozess zur Erfüllung zu bringen. Erst wenn das Werk die Philosophie seines Schöpfers fassbar gemacht hatte, war es Teil seines

Erschaffers geworden. Denn es lebte und zehrte von der Symbiose zwischen Material und Schaffendem.

Das Zwiegespräch zwischen Künstler und Material musste immer wieder neu eröffnet werden und war ein Moment höchster Erregung. *Alle Organe, Nerven, Knochen und Sinne spielen und vibrieren bei einer spontanen Entstehung mit. Es ist eine komplexe Aktion.* Auch der Glaube an sich selbst musste stets neu belebt werden: *Ohne einen Glauben zu leben, ist nicht leicht, aber ohne den Glauben an die eigene Arbeit ist ein Weiterleben unmöglich.* Kreativität überwältigte den Künstler besonders dann, wenn er *innerlich überbelastet* war, wenn er aus dem Überfluss des Gespeicherten, aus unterbewusster, freigesetzter Erregung schöpfen konnte. Immer ging Theunissens Arbeit ein zeichnerischer Entwurf voran, der Erlebtes, Gefühltes, Gesehenes, Gehörtes durch *innere Filter tröpfeln* ließ. Transformierte Wirklichkeit, die geglückt war, wenn alle Gedanken aus seinem Inneren herausgemeißelt waren.

Auch Theunissens erster Palmenholzskulptur »Erhebung« (Élévation) waren zahlreiche Entwürfe vorausgegangen, bevor sich in dem Werk die Synthese von innerem und äußerem Erleben erfüllte. »Élévation« war Bild gewordene Urform von Empfindungen und Erinnerungen an die Verstrickungen des Lebens, als Einsamkeit und Ausdruckszwang zu künstlerischer Lösung drängten.

Pierre Theunissens bescheidene finanzielle Mittel ließen ihn in den ersten Jahren in Frankreich zu jedem Material greifen, dessen er habhaft werden konnte. Aber auch César Baldaccini, genannt César, Vertreter des »Nouveau Réalisme« und später ein Freund Theunissens, hatte aus ähnlichen Motiven zu seinen Materialien gefunden:

»Le marbre de Carrara était trop cher, la vieille ferraille traînait partout. Je suis devenu sculpteur parce que j'étais pauvre.«[1]

Theunissen verarbeitete Marmorfunde, »Pflanzenform« (forme végétale), 1967, oder den weißen Kalkstein aus Lacoste im Lubéron. Ein Glücksfall war das brasilianische Rosenholz. Die ätherischen Öle mit der holzig-blumigen Note sollten in einer der Parfümfabriken in Grasse destilliert werden, deshalb waren die Stämme bei einem Schrotthändler zwischengelagert – und dann vergessen worden. So kam Theunissen in ihren Genuss, als sich der Schrotthändler bei ihm für erfolgreiche Reparaturarbeiten an einem alten Ofen mit dem besonderen Material revanchierte.

Und doch kehrte der Bildhauer immer wieder zum Palmenholz zurück. Dabei profitierte er in den Folgejahren vom Bauboom an der Côte d'Azur. Gärten wurden neugestaltet, alte Palmen deshalb geopfert. Unter den Gärtnern entlang der Küste hatte sich die Vorliebe des deutschen Bildhauers für dieses Material herumgesprochen und sie lieferten die Stämme gegen ein freundliches Entgelt bei ihm statt auf den Müllhalden ab. Theunissen erhielt sich in den nächsten fünfundzwanzig Jahren seine Begeisterung für Palmenholz.

Das erste Weihnachtsfest im fremden Land und den Jahreswechsel 1958/59 verbrachte Pierre Theunissen bei den Geschwistern Maywald in Paris und profitierte dort von Maywalds vielfältigen Kontakten zu Künstlern.

---

1 Marmor aus Carrara war zu teuer, aber überall lag Schrott herum. Ich bin Bildhauer geworden, weil ich arm war.

Maywalds Freundschaften mit Max Ernst oder mit Lore und Heinrich Davringhausen resultierten noch aus den Dreißigerjahren, als sie als ›unerwünschte Ausländer‹ und ›verfeindete Deutsche‹ gemeinsam im südfranzösischen Internierungslager Les Milles saßen. Künstler und Intellektuelle wie Hans Bellmer, Walter Hasenclever, Franz Werfel, Lion Feuchtwanger waren zeitgleich dort interniert gewesen. Mit Max Ernsts erster Frau Lou Strauss-Ernst hatte Maywald bis zu ihrer Deportation nach Auschwitz 1944 eine enge Freundschaft verbunden.

Pierre Theunissens lernte in jenem Pariser Winter Yves Klein, Alberto Magnelli, César, Jean Tinguely kennen. Denn jeden Freitag öffnete Maywald seine Ateliers, und bei diesem Jour fixe trafen sich Kunstbesessene, Kunstbeflissene, Avantgardisten, Schöpfer und Kreative: Fotografen, Journalisten, Tänzer, Bildhauer, Maler, Musiker und natürlich Galeristen.

Eine von ihnen war Irma Hoenigsberg. Maywald hatte die Direktorin der Pariser »Galerie du Pont Royal« schon 1932 bei Kokoschka kennengelernt. Die sehr viel ältere Hoenigsberg war dem jungen Theunissen mit dem netten Grübchen auf der linken Wange sehr gewogen, wurde ihm Mutter und Geliebte zugleich und half ihm aus depressiven Phasen und pekuniären Schwierigkeiten. Hoenigsberg kannte Gott und die Welt und machte Theunissen 1960 bei der Eröffnung des Musée National Fernand Léger mit Marc Chagall bekannt, der in Paris auf der Île Saint-Louis in ihrer direkten Nachbarschaft wohnte. 1958 kaufte die Galeristin eine von Theunissens ersten Palmenholzskulpturen: eine Plastik von kaum verhüllter Sinnlichkeit.

Bei der exzentrischen Griechin Iris Clert traf sich alles, was in der Kunstszene Rang und Namen hatte. Mit Yves Kleins blauen Monochromen hatte ihre »Galerie Iris Clert« den großen Coup gelandet. Die schöne Clert zeigte sich gerne mit Theunissen auf Ausstellungen und Konzerten und besuchte mit dem stattlichen Deutschen im Oktober 1961 das Konzert, das der damals legendäre russische Pianist Swjatoslaw Richter zu Ehren von Picassos achtzigstem Geburtstag in der Ausstellungshalle in Nizza gab. Menschen drängten in die Halle. Theunissen erwartete Clert auf der Balustrade, als sich das Publikum plötzlich ihm zuwandte. Beifall brandete auf, der *Monsieur Picasso* galt. Der Meister stand nämlich direkt links neben Theunissen. Sein heller, engsitzender Lederanzug machte ihn *unglaublich klein.* Künstlerblicke trafen sich, Picassos schwarze Augen ruhten auf Theunissen, taxierten ihn. Der aber fand keine Worte. Auch am nächsten Tag nicht, als Theunissen und Clert nach Vallauris pilgerten, wo *schon einige hundert Picasso-Freunde vor der Kapelle mit ›Krieg‹ und ›Frieden‹ und der Skulptur ›Mann mit Schaf‹ von Picasso standen. Alle warteten auf den Meister*, der von seinem Sohn Paolo chauffiert, im weißen Rolls-Royce vorfuhr und sich von der Menge in feierlichem Marsch zu den Ausstellungsräumen eskortieren ließ. Erst nachdem sich das Gedränge gelichtet hatte, nahm sich Picasso Zeit für die erlesenen Exponate. *So klein das große Genie*, dachte Theunissen noch einmal. Und obgleich Picassos Anblick ihn in äußerste *innere Erregung* versetzte, gelang es ihm nicht, seinen *Körper in Bewegung zu setzen. Höhe und Tiefe, Schmerz und Freude sind zugleich in mir,* vertraute er später seinem Tagebuch an. *Meine große Verehrung gilt Pablo Picasso,* doch ihn anzusprechen, hatte er nicht gewagt. Immerhin aber Muße gehabt, Picasso zu studieren: seine Gesten, seinen Tonfall, seine Bewegungen.

Obendrein wurde er Zeuge einer jener spektakulären Wutanfälle des Meisters gegen Fotografen, die ihn umlagerten und einengten. Von Picassos Zornesausbrüchen gegen Paparazzi hatte Theunissen aus erster Hand von seinem Freund André Viller gehört. Diesem jungen gehbehinderten Fotografen aus Theunissens unmittelbarer Nachbarschaft hatte Picasso vor Jahren in Vallauris seine einfache Kamera aus der Hand geschlagen. Auf Intervention eines erbosten Augenzeugen hin schenkte Picasso dem jungen Mann nach dem Vorfall eine hochwertige neue Kamera, gestand ihm obendrein zu, jederzeit Fotos von sich zu machen und empfahl ihn prominenten Persönlichkeiten. André Viller wurde ein berühmter Fotograf.

Viller schätzte den Bildhauer und Menschen Theunissen, seine Kunst, seine Ehrlichkeit. Er kam oft zu Besuch und machte für ihn immer wieder die Fotografien für Ausstellungskataloge. Er stiftete die Freundschaft zu Michel Butor, einem der wichtigsten Vertreter des »Nouveau Roman«. Butors und Theunissens gegenseitige Wertschätzung schlug sich in lebenslanger Freundschaft und kreativer Zusammenarbeit nieder. Butor entwarf Texte zu Theunissens Katalogen und schrieb für ihn ein Märchen. Theunissens Hommage an Michel Butor von 1963 ist eine Replik auf dessen berühmten Roman »La modification«. Der massive, archaisch anmutende Block öffnet sich nach allen Seiten, wächst aus verschlungenen Erinnerungen heraus und gleicht Butors Romanhelden Delmon, der Raum und Welt durchdringen muss, um zu sich selbst zu finden.

Die Duisburgerinnen Margrit Loh und ihre Freundin, die Landschaftsarchitektin Elisabeth Renner, hatte Willy Maywald zu Pierre Theunissen geführt. Kunstverständnis, Ästhetik und finanzielle Möglichkeiten fügten sich glücklich und ließen die beiden Frauen ab 1964 zu überzeugten Sammlerinnen von Theunissens Werken werden. Nach ihrem Tod ging die ›Sammlung Loh‹ als Stiftung in den Besitz der Stadt Kleve.

Maywalds Fotoreportagen über die Côte d'Azur in Hochglanzmagazinen der Sechzigerjahre waren Stoff für deutsche Nachkriegsträume. Bei einer dieser ›Homestories‹ lernte Theunissen Lilian Harvey kennen. Die Tänzerin und Schauspielerin der Dreißigerjahre posierte vor Maywald in ihren alten Film-Kostümen in ihrem Hotel in Juan-les-Pins. Pierre Theunissens Geduld als Handlanger Maywalds belohnte Harvey beim Abschied mit einem prächtigen Eukalyptusstamm aus dem Garten. Die Skulptur »Schwarzer Eukalyptus« (Eucalyptus noir) ging später in den Besitz des Galeristen Lucien Henry aus Forcalquier über. Den hatte der italienischstämmige Künstler Christian Tobas mit Theunissen auf einer Ausstellung bekanntgemacht. ›Lulu‹ wurde zu einem von Theunissens *liebsten besten und interessantesten Freunden, einem der ganz wenigen guten und echten Freunde.* Dem Urteil des Galeristen, Sammlers und Mäzens vertraute er von Anfang an: *Lulu hat ein gutes und richtiges Sehen meiner Arbeiten, und ist mir somit eine wirkliche Hilfe.* Henry scharte Künstler um sich. Poeten, Sänger wie Michel Sardou und Maler wie Bernard Buffet, Henry Bresson, Daboval verewigten sich auf der berühmten Säule in Henrys Galerie. Tief erschütterte Pierre Theunissen die Nachricht über Henrys dramatischen Tod am 31. Dezember 1988: Lulu und sein Freund waren in ihrem Haus ermordet worden.

Willy Maywald war vom Künstler Theunissen von Beginn an überzeugt und wollte sich deshalb für ihn verwenden. Er veröffentlichte eine Fotoreportage im Magazin »Frau und Film« über den jungen Bildhauer Pierre Theunissen, der dem Charme Südfrankreichs verfallen war und sich in einem provenzalischen Dörfchen in einem Steinhaus am Rande der Zivilisation eingerichtet hatte. Der renommierte französische Kunstkritiker Pierre Guégun umschmeichelte die Fotos mit seinem Text. Die Reportage brachte weder Ruhm noch Geld, dafür aber viel Unruhe ins Künstlerleben. Theunissen verabscheute die Immobilien-Haie, die in seine Idylle einbrachen und hasste die Neugierigen, die in das Siagne-Tal pilgerten, um einen Blick auf den fotogenen Künstler zu erhaschen. Käufer seiner Kunst waren selten darunter. Theunissen widersetzte sich deshalb einer weiteren Fotoreportage Maywalds für das deutsche Magazin »Schöner wohnen« und nahm den Bruch der Freundschaft in Kauf. Erst 1985, kurz vor Willy Maywalds Tod, kam es in Saint Paul de Vence in der Fondation Maeght auf der großen Ausstellung von Max Ernst bei einer unerwarteten Begegnung zur Versöhnung.

Theunissen hatte schon früh jeglicher Verkaufsförderung abgeschworen und auf *arrivistische Möglichkeiten* verzichtet. *Die Leute sollen von meiner Arbeit überzeugt werden.* Rot unterstrichen ziehen sich Statements dieser Art jahrzehntelang durch seine Tagebücher. Einzig seiner Kreativität wollte er sich ausliefern, sich sonst in keine Abhängigkeiten begeben. Vor allem aber wollte er sich nicht unterwerfen: Gott nicht und irgendwelchen Menschen schon gar nicht.

Bis zu seinem Tod wollte er nichts als schaffen. Erschaffen. Gott und der Misere der Welt seine Schöpfungen entgegensetzen. So, wie sein Lieblingschansonnier Jacques Brel: »Wenn du der liebe Gott wärst, würdest du mit blauem Himmel nicht so sparsam umgehen …«.

Theunissen liebte Brels Chansons. Identifizierte sich mit ihm. Sah in ihm einen Bruder im Geiste: weil sie sich beide verausgabten, sich in ihrer Arbeit bis zur Selbstaufgabe quälten. Weil sie sich von nichts als ihrem unbändigen Leistungswillen antreiben ließen und lieber Freundschaften ausschlugen oder aufgaben, als dass sie der Wahrheit aus dem Weg gingen: weil *durch das Reiben zweier Meinungen eine größere Wahrheit entstehen* kann.

Menschlichen Begegnungen war Theunissen nie hinterhergejagt. Ergaben sie sich, mussten sie von Sympathie und künstlerischer Neugier getragen sein, wie bei dem Philosophen, Literaten und Maler Jean Michel Atlan. Gleich bei ihrem ersten Treffen 1959 bei Willy Maywald fühlte sich Theunissen von dem Vertreter der »Nouvelle École de Paris« angezogen. Er schätzte die Aufrichtigkeit und Ausgeglichenheit des zarten jüdischen Mannes und sein profundes Wissen über Philosophie und Poesie.

Den 69jährigen Alberto Magnelli würdigte Theunissen als *Mensch, der spricht, ohne zu sprechen*. Magnelli hatte sich längst einen Namen als abstrakter Maler gemacht und war nach dem Tod von Kandinsky, Delauny und Mondrian ein Vorbild der jungen Generation geworden. Auf der Documenta I in Kassel wie auf der Biennale in Venedig hatte er schon mit eigenen Räumen teilgenommen. Theunissen und Magnelli lebten fast in Nachbarschaft zueinander und besuchten sich deshalb oft. Tiefere Freundschaft verhinderte damals der große Altersunterschied. Und nicht zuletzt Theunissens noch mangelnde Kenntnisse der französischen Sprache.

Denn Pierre Theunissens Kontakte zu Einheimischen beschränkten sich vorerst auf Arbeitseinsätze im Sommer. Den Winter reservierte er für seine Bildhauerei und lebte in großer Zurückgezogenheit. Brausten dann Stürme um das Haus, tobten sie sich auch in der Künstlerseele aus und entfachten *furchtbare Einsamkeit*, die zuweilen in Aggressivität gipfelte: *Plötzlich nahm ich eine Säge und schnitt eine Plastik von 1 m Größe in der Mitte durch. Den einen Teil habe ich dann mit Eisen und Beil so lange bearbeitet, daß jetzt nur noch ein entstellter Schaft vorhanden ist. Mein Innerstes ist jetzt wie jener Schaft.* »détruit – zerstört«. Immer wieder finden sich Zeugnisse der winterlichen Seelenlage in Theunissens Fotonachlass.

Es galt, wirtschaftlich zu überleben, und da war sich Theunissen für keine Arbeit zu schade. Der Deutsche war begehrt, wurde als *Grundstückreiniger, Ruinenabräumer, Anstreicher, Maurer, Schreiner und Kläranlagenreiniger* engagiert, der sich damit *das Wasser für die Suppe verdiente*. Dass er sich nicht nur persönliche Freiheit, sondern sich *fast wie Schliemann eine finanzielle Sicherheit erarbeitet* hatte, *um wirklich ganz frei arbeiten zu können*, erkannte Theunissen erst viele Jahre später. Die Notwendigkeit des Broterwerbs führte immer wieder zu neuen, nachhaltigen Begegnungen.

Das Haus eines holländischen Architekten hatte Pierre Theunissen von Grund auf renoviert und dessen Gast, den Vizepräsidenten der Weltbank, Aron Ronny Broches, bei geführten Wanderungen so für die Natur der Provence begeistert, dass er Pierre mit einer Grundstückssuche beauftragte. Der Zufall wollte es, dass zwei Tage vorher ein Schäfer Pierre ein Haus in Seillans angeboten hatte, dessen Charme sich noch hinter dem verwilderten Grundstück verbarg. Es war nur zu Fuß erreichbar, umgeben von traumhafter Landschaft, der Broches sofort verfiel. Sollte es Pierre gelingen, auch die Besitzer der angrenzenden Grundstücke ausfindig zu machen und ihnen das Land abzukaufen, würde Broches Pierre das Projekt der gesamten Neugestaltung anvertrauen. Ein Großauftrag, der Theunissen für Monate aller finanzieller Sorgen entheben würde. Der Immobilien- und Landkauf gelang – mit Hilfe und Wohlwollen des zuständigen Försters.

Roden und Wildwuchs beseitigen waren Knochenarbeit. Pierre schichtete wochenlang Äste und Gestrüpp zu großen Haufen auf, die er nach und nach verbrannte. Der Mistral setzte eines Morgens völlig unvorhergesehen ein. Funken stiebten in die noch ungebändigte Wildnis der Umgebung, die sofort Feuer fing und schließlich lichterloh brannte. Pierre kämpfte an allen Fronten, jagte von einem Brandnest zum anderen, um bloß kein Großfeuer entstehen zu lassen. Er ignorierte die Hitze, spürte nicht, dass seine Haut austrocknete, nahm nicht wahr, wie seine Lippen aufplatzten, seine Fingernägel verschmorten. Immer aussichtloser warf er sich dem Feuer entgegen, das immer unbeherrschbarer um sich griff. Um die Mittagszeit erst wurde der aufsteigende Rauch von Nachbarn bemerkt und die Feuerwehr alarmiert, die ein Übergreifen auf den angrenzenden Wald verhindern und das Feuer eindämmen konnte. Entkräftet, dehydriert, rußgeschwärzt, und völlig verzweifelt stand der junge Mann vor den Rettern. Die Haut mit Brandblasen übersät, Hände und Haare versengt.

In deutsch-französischem Kauderwelsch sprudelte reine Verzweiflung aus ihm heraus: er sei Deutscher, habe keine dauerhafte Aufenthaltserlaubnis, keinerlei Versicherungen. Seine mühsam erkämpfte Zukunft sei nun schwarz, abgefackelt wie die Landschaft um ihn herum. Die Ehrlichkeit rührte die Feuerwehrleute: Sie konnten verantworten, dem Bürgermeister keine Meldung zu machen, weil nur Privatgrund abgebrannt war. Mit dem Forstmeister aber müsse Theunissen sich selbst auseinandersetzen. Mit jenem Forstmeister, der Wochen zuvor alle Papiere für Ronny Broches Grundstückskauf abgesegnet und unterzeichnet hatte! Und auch der wollte dem jungen Deutschen seine Zukunft, die sich gerade zum Guten zu wenden schien, nicht verbauen.

Im hintersten Winkel des kleinen Ortes Les Veyans de Tignet, wohin sich selbst Einheimische kaum verirrten, hatte Theunissen ein verfallenes Steinhaus mit Grundstück entdeckt, günstig erworben, ausgebaut und Pfingsten 1960 bezogen: Wohnzimmer mit offenem Kamin, eine kleine Küche, von der aus eine Natursteintreppe zu Schlafraum und Waschgelegenheit führte. Nicht sehr geräumig im Innern, doch vor dem Haus weitete sich der Blick vom überdachten Sitzplatz aus über das Tal der Siagne. Ein Ort, wie geschaffen für eine Bildhauer-Robinsonade. Nur er. Er und seine Kunst. Und später immer wieder auch ein Hund. *Moi, sculpture, un chien.* Theunissens Dreigestirn sollte Störenfriede abschrecken, weil er *alle Menschen, Mann oder Frau, nur in großer Entfernung liebe, und keinen Menschen dazu ermuntere, in [s]einer peinlich aufgeräumten Küche ein Glas Wasser zu trinken.*

In diesem irdischen Paradies lebte er seine Kreativität aus. Gestaltete, schrieb, philosophierte und setzte seiner

Verzweiflung an der Verderbtheit der Welt die Reinheit des kreativen Schaffens entgegen. Jede freie Minute schuftete Theunissen, verausgabte sich. Erschöpfte sich. Ergab sich dennoch bedingungslos jedem neuen Tag, jeder neuen Herausforderung: *Aber wollte ich heute mein Tun für immer beenden, werde ich morgen von nicht zu erklärenden Kräften wieder dazu gezwungen.*

Nur sich selbst verpflichtet zu sein, nährte oft den Überdruss am eigenen Ich. Dann taugte auch sein Tagebuch nicht mehr als Partner für philosophische Dispute. Dann fehlte einfach jemand: eine Frau, eine Partnerin. *Scheiße, merde, gottverfluchte Sauerei. […] Ich brauche ein Weib und habe keins.* Liebeleien und Verliebtheiten hatte es durchaus gegeben, doch keine wirkliche Partnerschaft. Sehnsüchte und Wünsche erfüllten sich in Acryl auf Holz: »Mon désir«.

Ein Weib nach Wunsch für Pierre Theunissen? Das müsste Kraft und Energie haben, eine Frau sein mit »viel Geist und Lebendigkeit des Herzens«, die sich in sein Leben als Künstler einfügen könnte, dabei weitsichtig genug sein müsste, sich nicht von entbehrungsreichen Durststrecken dieses Künstlerdaseins abschrecken zu lassen. Die Frau für Pierre Theunissen müsste das Potenzial ahnen, das in diesem jungen Deutschen steckte, der beim Einkaufen in der Landessprache weiterhin radebrechte, weil ihm die Zeit zu kostbar war, um Französisch zu lernen. Weil er neben dem Broterwerb eben nur für seine Kunst lebte.

Die junge, temperamentvolle Jeanine Einaudi brachte alle diese Voraussetzungen mit. Die Tochter italienischer Einwanderer hatte seit früher Kindheit in Le Tignet gelebt, Entbehrungen ertragen gelernt, Sehnsüchte nach

Großstadtleben nie entwickelt, dem paradiesischen, doch abgeschiedenen Tal nie den Rücken gekehrt. Der athletische Deutsche war ihr bekannt. Und er gefiel ihr. Das erste Rendezvous bei einer Feier in einer kleinen Buvette endete aber eher ernüchternd. Die junge Französin hatte zwar *alle Attribute, die einen Bildhauer auf den ersten Blick begeistern: Schönes, gutgeschnittenes Gesicht, gute Figur. Prächtigen Busen. Kurz: eine Einmaligkeit.* Der Deutsche gab sich dennoch wortkarg, überraschte Jeanine zu später Stunde allerdings mit der Frage: *Bist du katholisch?* – »Ja, ich bin getauft und habe die heilige Kommunion empfangen.« Die Antwort schien Theunissen zu genügen. Beim Abschied gab es statt Küsschen unbeholfene Worte, die Zukunftsträumen keinen Raum gaben: nie Hochzeit, nichts außer Skulptur und Hund – *Moi, jamais marrié. Moi sculpture et avoir un chien.*

Dann also Freundschaft. Jeanine blieb neugierig auf Pierre Theunissen und besuchte eines Tages sein Grundstück in diesem abgeschiedenen Teil von Le Tignet. Die Mutter eines Freundes wohnte dort und hatte sogar die Schlüssel zu Pierres kleinem Atelier, in das Jeanine aber nicht ungebeten eindringen wollte. Stattdessen besah sie sich seine Werke im Garten. Beim Anblick von Pierre Theunissens Skulpturen nahm der unbeholfene Satz vom Abend ihres Kennenlernens Gestalt an: »Ich Skulptur«. Genau das sah die junge Frau vor sich: Skulpturen wie der Mann selbst. Abstrakt und dennoch klar. Faszinierend, voller Aussagekraft und doch mysteriös.

Sie heirateten 1963 *mit so viel Stil wie möglich* und Jeanine zuliebe auch mit dem Pomp, den ein Brautpaar einer katholischen Dorfgemeinde schuldig ist. Noch Jahrzehnte später vertraute Theunissen seinem Tagebuch an: *Keine bessere Frau, wie Jeanine, meine Frau, hätte ich auf der Welt finden können. Alle meine Jugendlieben kann ich heute mit Abstand als große Irrtümer jugendlicher Unkenntnis erkennen. Jeanine hat eine große Seele, ist klug, ist das Licht gegen meine Dunkelheit, eine geduldige Pflegerin, eine Klarheit im Äußeren und Inneren, hilfsbereit zu jeder Zeit, freigebig und körperlich eine bemerkenswerte Frau. Nur folgenden Fehler hat sie, vergißt Türen zu schließen, Licht auszumachen und ist manchmal zu klug.*

Jeanines Mitgift war unbezahlbar: Sie ließ sich ganz und gar auf Pierres Kunst ein, verzichtete auf Kinder und eigene Karriere, um ihrem Mann zur Hand zu gehen. Sie erwarben Grundstücke mit baufälligen oder verfallenen Häusern, restaurierten sie, um sie mit Gewinn zu veräußern oder zu vermieten. So legten sie das Fundament für ihre ›Altersversicherung‹.

Zum 40. Geburtstag hatte Jeanine Pierre einen Druck von Picasso geschenkt. Leider unsigniert, aber dennoch eindeutig zuzuordnen. Die Galeristin hatte ihr beim Kauf eine Anekdote über Picasso anvertraut: Picasso schlenderte eines Tages durch Cannes Galerien, offensichtlich bester Laune und zu einen Kunstkauf bereit. Er nahm sich Zeit, besuchte etliche Ausstellungen, ließ sich auf ein Fachgespräch mit einer Galeristin ein, die in einer Schublade hundertfünfzig Drucke des Meisters aufbewahrte. Natürlich ohne Signatur. ›Wenn nicht jetzt, dann nie‹, musste sie gedacht haben, hatte sich ein Herz gefasst und um eine Signatur angefragt. Sie hatte wahrhaft einen bestens gelaunten Picasso erwischt, denn er signierte nicht nur einen, er signierte alle ihre Drucke.

Jeanine hatte diese Geschichte nicht losgelassen. Warum sollte sie nicht auch ihr Glück versuchen? Mit dem Druck unter dem Arm und Picassos Adresse in Mougins, dem Herrenhaus »Mas Notre-Dame de Vie« in der Tasche, machte sie sich kurzentschlossen auf den Weg dorthin, erkannte das Haus – und klingelte. Aus der Sprechanlage erklang eine Stimme mit spanischem Akzent. Beim Gedanken, möglicherweise schon mit Picasso selbst zu sprechen, versagte Jeanines Stimme. ›Mon Dieu, was mache ich. Was wage ich?‹ Sie stammelte einige Worte der Entschuldigung in die Sprechanlage und wollte sich schleunigst aus dem Staub machen, als sich das Tor öffnete. Picassos Sekretär trat heraus, und ihm trug Jeanine ihr Ansinnen vor. »Der Meister ist im Atelier. Ich werde nachfragen.« Der Privatsekretär bat um den Druck – den er ihr kurze Zeit später zurückbrachte: Das Blatt sei kein Originaldruck, ein Scharlatan habe den Druck aus einem besonderen Buch herausgelöst. Geschickt durchaus, kaum zu erkennen. Aber so etwas signiere Picasso natürlich nicht. Er wünschte Jeanine einen schönen Tag, und sie schlich wie ein begossener Pudel von dannen, hatte aber dem Sekretär auf seine Bitte hin die Visitenkarte ihres Mannes überreicht: ›Pierre Theunissen, Sculpteur, Le Tignet‹

Zuhause legte sie den Druck wieder in die Mappe zurück. Den blamablen Ausflug verschwieg sie ihrem Mann. Erst im Jahr darauf, 1973, beichtete Jeanine an ihrem zehnten Hochzeitstag Pierre ihre Geschichte und sie holten den Druck wieder aus der Mappe. Beide entdeckten gleichzeitig den grünen Abdruck am rechten Rand des Papiers: Deutlich, fast wie mit Bedacht gesetzt, fand sich dort der Abdruck eines Daumens. Picassos Daumens. Signiert hatte der Meister nicht, dem Druck aber seinen Stempel aufgesetzt!

Wenige Tage nach Jeanines Besuch in Mougins hatte man in Le Tignet Picassos Limousine gesehen, vom Privatsekretär gesteuert. Die beiden Männer hatten in einem kleinen Restaurant im nahen Peymeinade zu Mittag gegessen. Anschließend nahm der Wagen den abenteuerlichen, steinigen Weg nach Les Veyans. Der Chauffeur erkundigte sich nach dem Bildhauer Theunissen. Doch der war nicht zuhause, denn Jeanine und Pierre Theunissen brachten Pierres Werke zur Biennale nach Menton – und erfuhren erst bei der Rückkehr von Nachbarn von diesem leider verpassten Besuch.

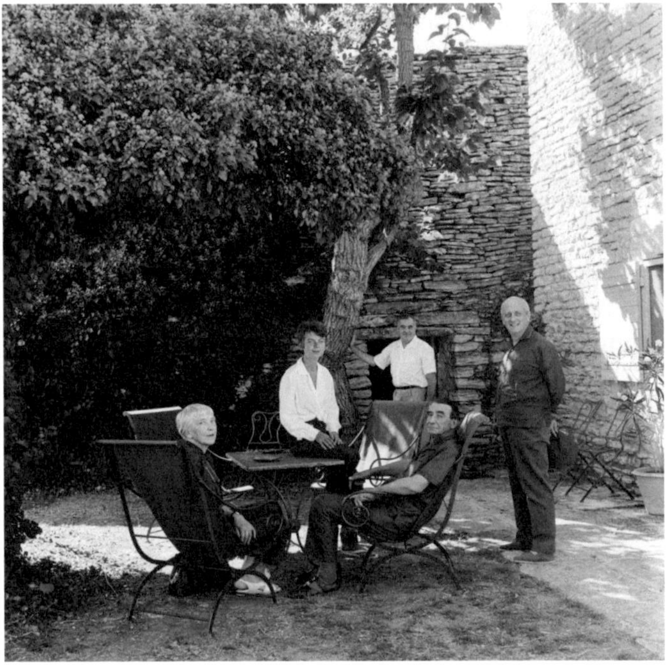

Willy Maywald und Schwester Helen empfangen Freunde aus Kleve: Ilse und Hanns Lamers

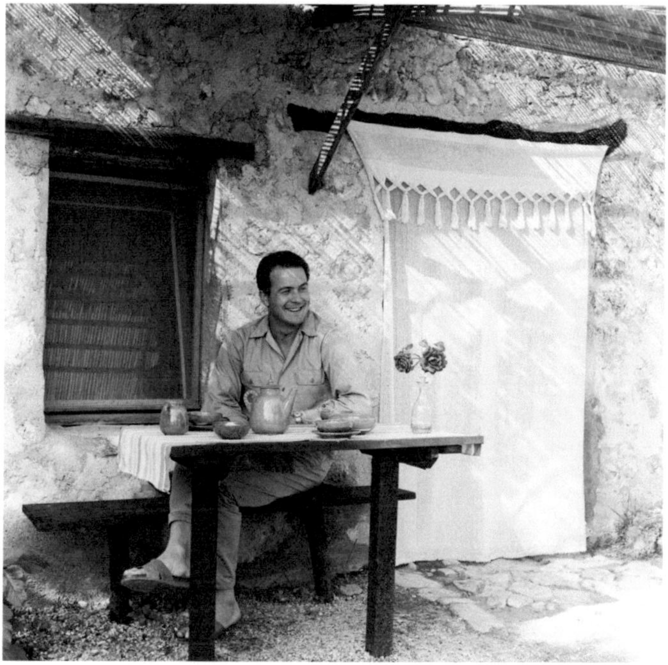

Erste Heimat in der Provence:
Einsiedelei in Les Veyans – Le Tignet

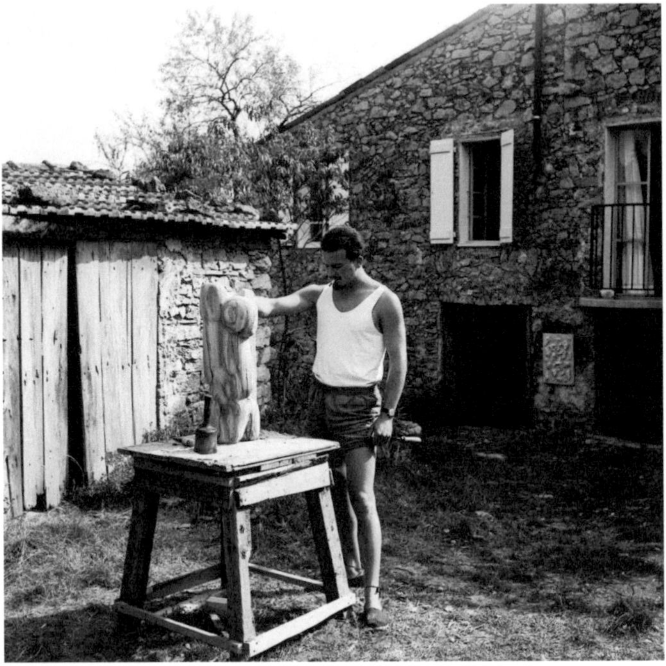

Arbeiten am Palmenholz

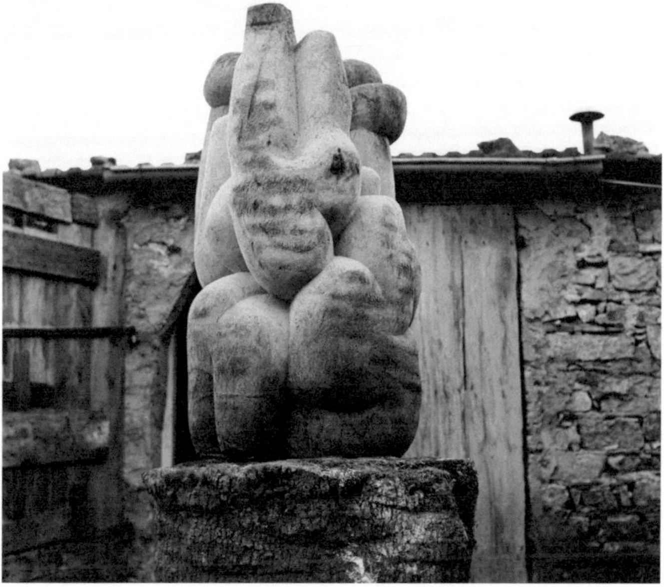

Erste Palmenholzskulpturen

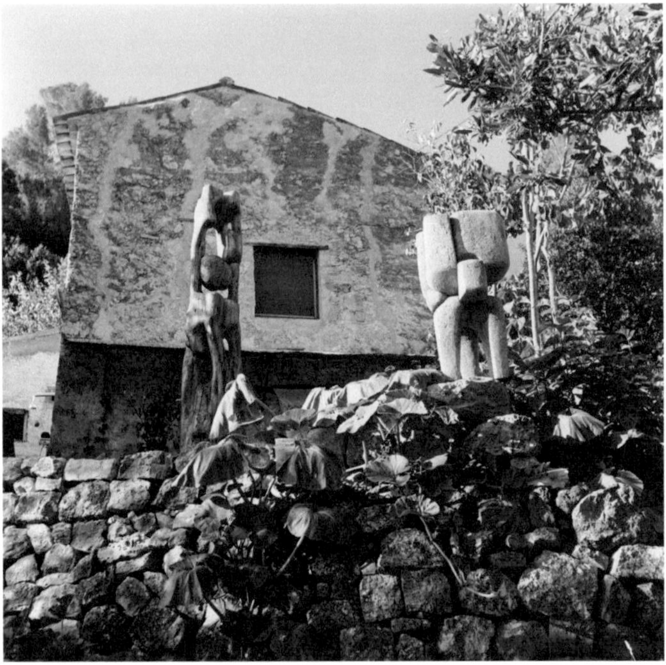

Arbeitsplatz und Ausstellungsraum: die Natur

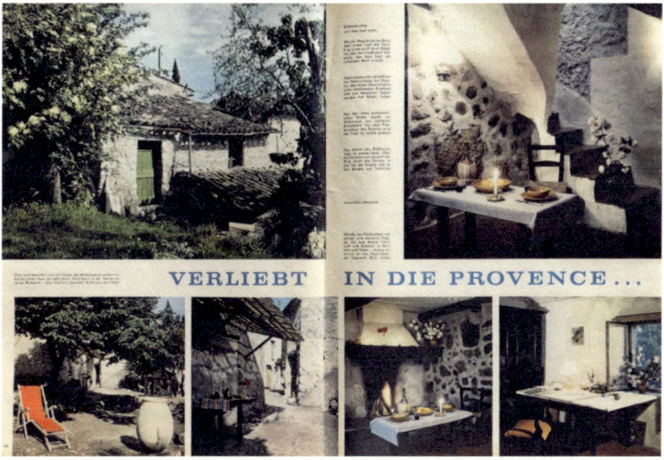

Einsamkeit und Stille der Provence –
Story für Lifestyle-Hochglanzmagazine

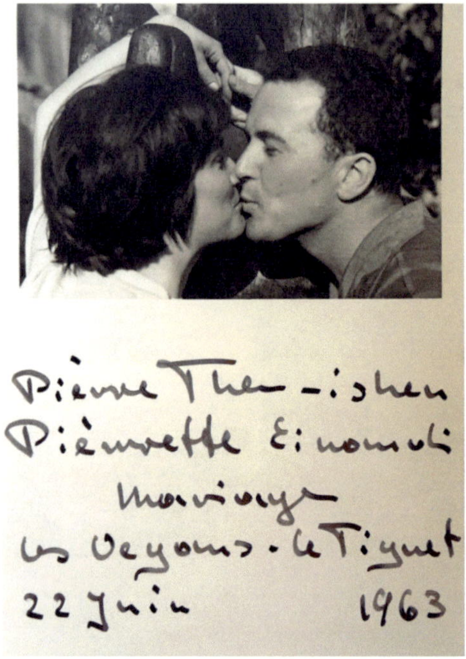

Offizielles Hochzeitsfoto. Am 22. Juni 1963 heirateten Pierre Theunissen und Jeanine (Pierrette) Einaudi.

Kapitel 4
Max Ernst und Joseph Beuys

Was soll das Leben, wenn es nicht in Ehrlichkeit gelebt werden kann?

Frankreich, 1963–1985

»Nie mehr Schreiner!« Dem Eid aus früher Jugend schwor Pierre Theunissen 1964 ab, nachdem ihn seine Frau von den Freiheiten und Möglichkeiten überzeugt hatte, die das Handwerk bot. Theunissen machte sich in der Umgebung als Möbelrestaurator, Schreiner und Treppenbauer schnell einen so guten Namen, dass er in Le Tignet eine feste Anstellung im Sägewerk des Bürgermeisters Marius Campagno erhielt. Damit war er in Frankreich zum ersten Mal angestellt und krankenversichert. Dem Angestellten Theunissen wurde 1965 auch die französische Staatsbürgerschaft nicht länger verwehrt. Den drohenden Militärdienst – 1965 konnten französische Männer noch bis zum Alter von fünfzig Jahren eingezogen werden – verhinderte die persönliche Eingabe des Bürgermeisters: der Schreiner Theunissen sei im Tal unabkömmlich.

Der Kauf einer kleinen Kreissäge – auch 2016 noch in Betrieb – manifestierte Theunissens Schritt in die offizielle Selbstständigkeit. Er galt als Spezialist für Treppenbau, kooperierte bereitwillig mit lokalen Handwerkern, die gerne seinen fachlichen Rat einholten.

Deshalb suchte ihn im September 1969 auch Kollege Noteaux aus Tanneron auf. Eine Treppenbestellung sei eingegangen, die nur Theunissen ausführen könne, weil sie außergewöhnliche Anforderungen stelle. Doch Pierre Theunissen war gerade mit dem Ausheben eines Brunnens auf einem neu erworbenen Grundstück beschäftigt und nicht gewillt seine Arbeit zu unterbrechen. *Ich habe keine Zeit,* rief er dem Kollegen deshalb aus dem Schacht nach oben zu. »Und wenn ich dir sage, dass Max Ernst die Treppen in Auftrag gegeben hat?« – Max Ernst! Idol seit frühesten Bildhauertagen. Ernsts Surrealismus-Bilder, seine Grafiken und Frottagen hatten schon den jugendlichen Theunissen beeindruckt. Er brauchte nicht zu überlegen, um alles stehen und liegen zu lassen.

Pierre Theunissen wusste, dass Ernst mit seiner vierten Ehefrau Dorothea Tanning das ehemalige Hotel »Dolce Vita« im nur fünfundzwanzig Kilometer entfernten Seillans gekauft hatte. Während der Umbauarbeiten war ihm von einem befreundeten Maurer sogar ein Blick ins Haus gewährt worden. Nie wäre Pierre Theunissen in den Sinn gekommen, Max Ernst mit einem privaten Besuch zu belästigen. Nun aber bot sich die Gelegenheit einer persönlichen Begegnung und die konnte und wollte er sich nicht entgehen lassen. Der Brunnen musste warten.

Auf dem Weg nach Seillans verpflichtete er den Kollegen Noteaux, seine Bildhauertätigkeit mit keinem Sterbenswörtchen zu erwähnen. *Ich bin hier als Schreiner und damit Basta.*

Der achtundsiebzigjährige Max Ernst hatte die Verhandlungen mit den Handwerkern in die Hände seiner Ehefrau gelegt, die Theunissen den Auftrag erteilte, die zwei riesigen Ateliers im neuerbauten Haus »Le Mas Saint Roch« mit Balustraden und Treppen zu versehen. Bei der Anlieferung der ersten Treppe aber erwartete Max Ernst den »Schreiner Theunissen«. »Oh oh, un cachottier«, ein Geheimniskrämer also. Er drohte schelmisch mit dem Finger: »Wieso haben Sie mir verschwiegen, dass Sie Bildhauer sind?«

Sofort war Nähe da. Künstlerisch. Menschlich. Beide sahen sich von einer höheren Instanz zur Kunst getrieben, beide hatten sich Neugier und Experimentierfreudigkeit für ihr künstlerisches Schaffen bewahrt.

Zwischen gebürtigen Rheinländern gab es ohnehin viel Gesprächsstoff. Sie tauschten sich über die Verwandtschaftsbeziehungen Theunissens zum Kunstkritiker Gerhard Theunissen aus, bei dem sich Max Ernst gerne für dessen furchtlose Besprechungen von moderner Kunst während der Nazizeit bedankt hätte.

Beim nächsten Besuch wollte Ernst unbedingt Fotografien von Theunissens Werken sehen. Mit den kleinformatigen, zackig geränderten Bildern verschwand Ernst in seinem Atelier, sah sich die Auswahl später ein zweites Mal gemeinsam mit Theunissen an: »Die Arbeiten sind großartig. Außerordentlich. Was muss ›Végétation‹ kosten?« – *Végétation? Muss?* Mit einer Höhe von zwei Meter fünfzig war »Végétation« zu jener Zeit Theunissens größte Palmenholzskulptur und er hatte ein besonderes Verhältnis zu ihr entwickelt. Max Ernst missinterpretierte Theunissens Nachdenken: »Habe ich etwa kein Recht, Ihnen etwas abzukaufen?« Pierre nannte einen Preis – und Max Ernst akzeptierte ihn anstandslos. So erhielt Theunissen auch gleich eine Vorstellung vom Wert seiner Kunst.

Die Skulptur »Végétation« hatte schon eine bewegte Geschichte hinter sich, bevor sie in den Besitz von Max Ernst überging. 1961 unter Olivenbäumen erschaffen, wurde das Werk 1965 im Pariser »Salon de la jeune sculpture« im Park des Musée Rodin ausgestellt und – beschädigt zurückgegeben. Die Reparatur erfolgte unter enormen Zeitdruck, denn in der »Fondation Pagani« in Legnano bei Mailand wartete man auf die Plastik, die zusammen mit Theunissens Skulptur aus dem Eukalyptusstamm von Lilian Harvey ein Jahr lang ausgestellt werden sollte.

Max Ernst hatte das ihm unbekannte Material Palmenholz falsch eingeschätzt. Es ist nicht für den dauerhaften Verbleib im Freien geeignet. Die Skulptur litt unter Feuchtigkeit und Pilzbefall. Pierre Theunissen wurde mehrfach zu Reparaturarbeiten gerufen, holte »Végétation« immer wieder zu sich nach Hause, um die Skulptur dann fürsorglich restauriert wieder nach Seillans zurückzubringen. So wuchs Theunissen unbeabsichtigt in die Rolle von Ernsts Privat-Handwerker für diffizile Aufträge hinein. Mancher ›cas d'urgence‹ war so eilig, dass er sogar von einem Telegrammboten übermittelt wurde.

Jahre nach Ernsts Tod entdeckte Pierre Theunissen »Végétation« in Seillans von der Straße aus im Garten des alten Max-Ernst-Hauses: *in einem furchtbaren Zustand. Sie stand ganz schief auf dem Eisensockel, eine Spitze war gebrochen, eine zweite fehlte ganz.* Zu allem Übel war sie wieder von einem Pilz befallen.

Theunissen nahm Kontakt mit Max Ernsts Nichte in Köln auf und schlug ihr vor, »Végétation« gegen eine wetterfeste Skulptur aus Eisen und Eisenholz, einem Zaubernussgewächs, auszutauschen, die Pierre Theunissen auf den ehemaligen Sockel von einem der Abgüsse von »Capricorn«, Max Ernsts »Meisterstück der Bildhauerei«, montieren durfte. Symbolträchtig sah sich Theunissen mit dem Künstler-Freund verbunden: Das Werk des jungen auf dem Fundament des alten Meisters!

Ernst und Theunissen fühlten von Anfang an Seelenverwandtschaft. Da waren zwei Nonkonformisten unter sich. Resistent gegen äußere Ansprüche, immun gegen Schmeicheleien. Beide würden eher auf Freunde verzichten, als sich dem Opportunismus zu verschreiben. Ernst zeigte Theunissen bei einer Gelegenheit in seinem Atelier ein Samtkissen, das er mit bunten Stecknadeln gespickt hatte. Jede Nadel stand für »erstochene Feinde oder verlorene Freunde«. Eine auch für den Franco-Unterstützer Salvador Dalí, diesem »chien couchant«, dem Max Ernst deshalb in den Vierzigerjahren in New York den Handschlag verweigert hatte. Denn was sollte *das Leben, wenn es nicht in Ehrlichkeit gelebt werden kann?*

Künstlerisch waren Ernst und Theunissen souverän im Handwerk. Beim kreativen Prozess stellte sich deshalb nie die Frage des »Wie«: »Das ›Warum‹ ist das Entscheidende … und das ist die Frage für Philosophen.«

Wie Ernst vermochte Theunissen, Gedanken und Visionen eine eigene verständliche Formensprache zu geben, so dass sich dem Betrachter die Aussage des Werkes auch jenseits des Dargestellten erschloss.

Jeanine Theunissen trug mit ihren legendären Kochkünsten dazu bei, die Beziehung zu festigen: Der Gourmet und Hobbykoch Ernst schlug keine ihrer Einladungen aus. Die solide Freundschaft zwischen den Paaren wurde von beiden Seiten mit Geschenken und Widmungen gewürdigt.

In Briefen tauschten Ernst und Theunissen Jugenderinnerungen aus, entdeckten trotz der vierzig Jahre Altersunterschied immer neue Gemeinsamkeiten: Bubenstreiche, Naturausflüge, Abenteuer an den Rheinarmen. Kindliche Pflichten, Zwänge und Gehorsam hatten sowohl Ernst als auch Theunissen erdrückt. Beide Künstler hatten schwer unter ihren autoritären Vätern gelitten und waren am doktrinären Katholizismus verzweifelt. Beide fanden in der Natur immer zu ihrem seelischen Gleichgewicht zurück. »Voir clair devenait une nécessité pour mon équilibre nerveux.«[2] Nahezu mysteriös mutete Pierre ein weiterer Zufall an: Max Ernsts farbenprächtiger Papagei Hornebom starb in der Nacht, in der Max Ernsts Schwester geboren wurde. Und auch der theunihsensche Papagei fiel *tot von seinem Stöckchen, als [Peters] Schwester geboren wurde.*

Beim schriftlichen Austausch mit Max Ernst bevorzugte Pierre Theunissen Deutsch, weil er sein *Schreibfranzösisch* auch 1970 noch *nicht für sicher genug* hielt. Philosophische Diskurse, Fachgespräche und Unterhaltungen aber führten die beiden im persönlichen Gespräch ausschließlich auf Französisch.

Der intensive gedanklich-künstlerische Austausch mit Max Ernst regte Theunissen dazu an, sich neben der Bildhauerei auch wieder anderen Gestaltungsformen zuzuwenden. Mischtechniken, Gravuren und Holzschnitte mündeten in den Jahren 1975 und 1976 zwar in Serien, die Theunissen aber dennoch nicht weiterverfolgte, denn sie entsprachen nicht seinem künstlerischen Gestaltungswillen.

---

2 Klar zu sehen wurde eine Notwendigkeit für mein nervliches Gleichgewicht

Der Bildhauer lebte nun einmal von der Gestaltung im Raum. Im Dreidimensionalen erst fand seine schöpferische Suche Erfüllung. Im Räumlichen entfalteten seine Ideen im Prozess des Entstehens ihre künstlerische Wirkung: in Bögen, Aushöhlungen, Rundungen, Verschlingungen, Verformungen, Drehungen, Überlagerungen. Weg vom Intellektuellen, hin zum Schöpferischen. Exemplarisch ablesbar an dem Eichenholzrelief »Hommage à Douvermann«. Mit dem Titel zollte Theunissen nicht nur dem *großartigen Bildschnitzer Douvermann aus Kalkar* Respekt, der in den offiziellen Amtsbüchern zum »Kistenmacher« degradiert worden war. Theunissen solidarisierte sich mit dem kreativ Schöpfenden: ein Mensch unter Menschen, der keine museale Sonderstellung verlangte, sondern sich bemühte, zu geistiger Entfaltung anzuregen. »Hommage à Douvermann« ist ein Triptychon, das an gotische Flügelaltäre erinnert. Auch wenn es ursprünglich nicht bewusst als christliches Motiv konzipiert wurde, so reflektieren seine biomorphen Strukturen doch Theunissens religiöse Weltsicht: Im Mittelpunkt des Werks ruht das Auge des Schöpfers. Wasser des Lebens speist den Reigen aus Tieren und Pflanzen. »Hommage à Douvermann« ist Theunissens Natur- und Weltuniversum zugleich.

Als das Relief 1986 schließlich in der Alten Kirche in Theunissens Heimatort Kellen seinen Platz fand, schien es wie für den Altarraum geschaffen. Es fügte sich harmonisch und passgenau an der Stirnwand des Gotteshauses ein. War sakral und weltlich zugleich. War ganz Pierre Theunissen, war seine individuelle Schöpfungsgeschichte.

Ernst beeindruckte die Eigenwilligkeit und Individualität von Theunissens Ansichten und Werken. Ihm imponierte die Kompromisslosigkeit des Künstlers, mit der er sich seine größtmögliche Freiheit erhalten wollte: *In der Entstehung einer Sculptur oder sonstigem Kunstwerk darf nicht die Frage nach Geld, Ruhm und gesellschaftlicher Klüngel, auch nicht in der kleinsten Form, mitspielen. Der Schaffende hat sich ganz frei zu machen von jeder gezielten Idee auf Erfolg. Der Schaffende muss wirklich ein ganzer Mensch sein.* Theunissen schöpfte Kreativität aus sich heraus, begann bewusst immer wieder am Nullpunkt, um sich seine Einzigartigkeit zu erhalten, *um eine mögliche Wiederholung zu vermeiden.*

Max Ernst erkannte einen Ausnahmekünstler – der es unbedingt wert war, unterstützt zu werden. Er wollte sich für Theunissen verwenden, ihn bei namhaften Galerien unterbringen. Aber Theunissen verweigerte sich Ernsts Anliegen, zeigte sich auch hier kompromisslos.

In der Galerie »Le Point Cardinal« zum Beispiel saß Theunissens Freund, der Bildhauer Claude Viseux noch nicht fest im Sattel, war aber gerade auf dem Weg zu internationaler Anerkennung. Theunissen befürchtete, dass sich Max Ernsts Fürsprache nachteilig für Viseux auswirken könnte. Möglicherweise hätte die Galerie Viseux sogar fallengelassen, um Theunissen Platz zu bieten.

»Dann eben bei Iolas!« Ernst ließ nicht locker. Der griechischstämmige Alexander Iolas hatte Ernsts Werke schon in den Vierzigerjahren in seinen Galerien in den USA angeboten, als Surrealisten dort noch auf wenig Gegenliebe stießen. Iolas galt als Paradiesvogel, war als Balletttänzer und Kunstsammler lange in der Welt herumgeschwirrt. Eine Ausstellung bei Iolas wäre einem Ritterschlag gleichgekommen, denn klangvolle Namen waren in seiner Galerie vertreten: Alexander Calder, Yves Klein,

Niki de Saint Phalle, Jean Tinguely und Andy Warhol. Als Pierre Theunissen dann bei Dorothea Tannings großer Geburtstagsfeier in Cannes Iolas persönlich begegnete, war er ihm – Theunissen bemühte sich um eine neutrale Formulierung – *nicht sympathisch genug, um mit ihm zusammenzuarbeiten.* Und deshalb drehte er sich einfach weg, als Max Ernst die beiden miteinander bekannt machen wollte. Brüskierte Alexander Iolas, verstimmte Max Ernst. *Wenn sich Dinge tun sollten, habe ich lieber, wenn die Leute von meiner Arbeit überzeugt werden,* erklärte er Max Ernst beim nächsten gemeinsamen Essen, hielt die Begebenheit in seinem Tagebuch fest und unterstrich dick, worauf es ihm ankam.

Selbst wenn Theunissen oft *von großer Mutlosigkeit* überfallen wurde, weil Werke anderer *immer auf den ersten Platz geschoben werden*, so blieb er standfest, lehnte jede Form von Protektionismus ab, denn *solche Hilfestellungen sind im Grunde nicht gesund. Keiner oder keine Galerie konnte Max Ernst was abschlagen. Aber für mich war nur eine Galerie wichtig, die nur durch echte Überzeugung meiner Arbeiten sich für mich einsetzen wollte.*

In Le Tignet drängte nichts zum schnellen Erfolg. Genau deshalb hatte er sich in diese Abgeschiedenheit zurückgezogen: um ohne Ablenkung der eigenen Stimme folgen zu können, um seine Kunst keiner Theorie unterwerfen zu müssen, niemandem hinterherzuhecheln. Ausstellungen hatte Theunissen immer besucht, sich über Kunstentwicklungen stets auf dem Laufenden gehalten, sich zuweilen beeindrucken, nie jedoch beeinflussen lassen. Künstler, die er schätzte, studierte er nicht, geschweige denn, dass er sie kopierte. Seine Einsiedelei hatte er bewusst gewählt, um sich Zeitströmungen und Moden zu versagen und um ganz in den Dialog mit seiner Kunst einzutauchen. Theunissen beharrte auf seinem Credo: Die Zeit tötet alle nicht ehrlichen Werke.

Geistige Auseinandersetzung mit dem aktuellen Zeitgeschehen führte Pierre Theunissen in seinen Tagebüchern. Dort nahm er den Diskurs mit der Welt auf, an der er litt. *Der gleiche bestialische Kampf, um durch Rücksichtslosigkeit, Brutalität, Habgier und Eitelkeit zur Macht zu kommen. Die Wenigen, welch mit Güte, Verständnis und Bereitschaft dem Leben entgegentreten, haben bis jetzt nicht den Ausgleich schaffen können. Es sind 10 %, vielleicht 20 %. Die hat es immer gegeben, aber sie sind nie mehr geworden. So lange sie nicht 55 % werden, gibt es keine Hoffnung auf seelischen oder weltpolitischen Frieden.*

Doch immer hatte Leiden stimulierende Wirkung und setzte schöpferische Kräfte frei, die neues Feuer für kreatives Arbeiten entfachten.

War er mit sich im Reinen, scheute er auch den Dialog mit der Öffentlichkeit nicht länger und beteiligte sich an Ausstellungen: 1967 wirkte er bei Gruppenausstellungen in Deutschland, Paris, Nizza, Mailand, Cannes, Antibes, Ancona, Grasse mit und war bei der Biennale in Menton vertreten. Viele Künstlerbekanntschaften rührten von Begegnungen auf Ausstellungen her. Freundschaft aber pflegte Theunissen nur mit Künstlern, die ihn mit ihrer Kunst und nicht durch erworbenen Ruhm überzeugten: César, Antoni Tàpies, Louis Pons, Christian Tobas, Paolo Boni, Paul Revel, FRANTA, Gastaud, Michel Gaudet, Georges Bru, Comby, Pierre Magnan, Jacques Lepage gehörten dazu. Unterschiedliche Persönlichkeiten, die sich durch ihre Experimentierfreudigkeit und Individualität verbunden fühlten und sich im geistigen Austausch auf Augenhöhe begegneten.

Kein Wunder, dass der »Kunstzirkus« Pierre Theunissen seiner Ansicht nach bislang überwiegend vernachlässigt hatte. 1967 aber war die Galerie »Cavalero« in Cannes auf ihn aufmerksam geworden und richtete eine erste Einzelausstellung seiner Werke aus. Die Galerie, die lokalen Künstlern eher keine Plattform bot, sondern Vertreter der »École de Paris« in ihre Räume holte, vertrat Theunissens Werke bis 1971. »Cavalero« war der Marktplatz für Künstlerbegegnungen. Theunissen lernte dort die russischen Maler Serge Poliakoff und Paul Mansouroff kennen sowie die Bildhauer Albert Féraud und Louis Chavignier.

Über die Galerie entspann sich auch Theunissens Freundschaft zu dem deutschen Keramiker Hans Spinner, der ihn zum Arbeiten in sein großes Atelier in der Fondation Maeght einlud. Künstler wie Antoni Tàpies, Eduardo Chillida, Sean Scully, Anthony Caro, Pierre Alechinsky hatten schon vom Können des Deutschen profitiert und sich, wie bekannte Größen aus dem Filmgeschäft, für seine originelle ›physische‹ Art und Weise, mit dem schweren Ton umzugehen, begeistert. Nach Aimé Maeghts Tod zog Theunissen seine Keramikarbeiten aus der Fondation wieder zurück.

Erfolg näherte sich auf leisen Sohlen. In den Sechzigerjahren erwarben namhafte Museen Skulpturen. Pierre Theunissen erhielt erste Auszeichnungen: in Nizza 1967 den »Prix du Palais de la Méditerranée« und 1968 in Paris den »Prix l'Objouet – Galerie le Grall«. Mäzene begannen, sich für seine Werke zu interessieren.

Im November 1970 kam Post von Max Ernst aus New York: »Seriez-vous disposé à rédiger un court curriculum vitae?«[3] Ernst verlor nicht viel Worte über seine Pläne, kannte er doch Theunissens Vorbehalte gegen Fürsprachen. Doch in den USA hatte sich Max Ernst darüber hinweggesetzt und den Freund in New York für den Preis der William Nelson Copley Foundation vorgeschlagen, der Ernst wie auch Marcel Duchamp, Hans Arp und Man Ray von Anfang an als Berater angehört hatten.

Copleys Cassandra-Foundation förderte »creative individuals of outstanding talent and unusual promise«[4]. Schon der Surrealist Hans Bellmer und Verpackungskünstler Christo hatten von Copleys Großzügigkeit profitiert. Der Adoptivsohn eines amerikanischen Zeitungsmoguls hatte sich auf vielen Terrains getummelt. Als Galerist war er in den Vierzigerjahren in Hollywood damit gescheitert, dort den Surrealismus zu etablieren. Als Maler zwischen Surrealismus und American Popart hatte sich »CpLy« lange nicht durchgesetzt, doch als bedeutender Mäzen und Strippenzieher im Hintergrund Vieles bewirkt. Er gehörte zu dem auserwählten Kreis, dem Marcel Duchamp 1966 sein berühmtes letztes Werk »Étant donnés« zeigte. Copley wickelte für Duchamp alles Geschäftliche mit dem Philadelphia Museum of Art ab bis zur Präsentation der Installation 1969. Die Öffentlichkeitsarbeit überließ er Duchamps Witwe Alexina »Teeny« und deren Sohn Paul Matisse.

---

3 Würden Sie einen kurzen Lebenslauf verfassen?

4 Schöpferische Persönlichkeiten mit herausragendem Talent und vielversprechender Hoffnung

Der nächste Brief aus New York überbrachte Pierre Theunissen kurze Zeit später schon die Glückwünsche der Stiftung und den Scheck für das Preisgeld. Das kam wie gerufen, denn es ermöglichte Theunissen, sein kleines Refugium um das angrenzende Nachbargrundstück samt Ruine zu erweitern, das gerade zum Verkauf stand. Den Hausumbau übernahm das Ehepaar Theunissen wie üblich gemeinsam. Türen, Portale sowie die gesamte Innenausstattung fertigte der Schreiner Theunissen an.

Im Dankesbrief an Max Ernst drückte Theunissen zwar höflich seine Freude aus, doch wahre Begeisterung löste nicht der Kunstpreis, sondern Ernsts gerade erschienenes Buch *»Écriture«* aus, das der Verfasser dem Freund druckfrisch und mit Widmung versehen zum Geschenk gemacht hatte: ›Pour Pierre et Jacqueline Theunissen, leur ami Max Ernst‹. Jacqueline? »Oh, da habe ich wohl an Picassos Jacqueline gedacht«, lachte Ernst und malte zur Versöhnung schnell noch ein Vögelchen unter seinen Namen. Theunissen aber war begierig, alles zu erfahren, was er noch nicht wusste. Er verschlang Max Ernsts autobiografische Aufzeichnungen – und war bei der Lektüre einmal mehr von den vielen Parallelen in ihrer beider Leben überwältigt.

Fotos von *einem fröhlichen Mittagessen* eine Woche vor Max Ernsts Schlaganfall dokumentieren das letzte gemeinsame Beisammensein der beiden Paare in Le Tignet.

Sie hatten eine gute gemeinsame Zeit verbracht und sich angeregt ausgetauscht. »Seillans war schön.« Max Ernsts Abschiedsworte an Pierre Theunissen beim letzten Treffen im Februar 1976 in Paris nahmen die Grundstimmung der Freundschaft auf und sein baldiges Ende voraus.

Am 1. April 1976, einen Tag vor seinem fünfundachtzigsten Geburtstag, starb Max Ernst.

Arbeitsaufträge und neue Freundschaften ließen Pierre Theunissen nicht viel Zeit zum Trauern.

Viele Holländer mit Zweitwohnsitz in Frankreichs Süden suchten den Schreiner Theunissen auf und entdeckten erst auf den zweiten Blick den Künstler. So war der Kontakt zu Gilbert Delaine zustande gekommen, Direktor des LAAC (Lieu d'art et d'action contemporaine) in Dünkirchen. Der Sammler zeitgenössischer Kunst erwarb mehr als ein Dutzend Skulpturen von Theunissen. Dass er seine Neuerwerbungen jährlich mit einer großen Ausstellung feierte, missfiel Theunissen und er hielt mit seiner Kritik nicht hinter dem Berg: *Das Ganze hat für ihn nur einen Grund, sich selber auf Kosten Anderer ein Denkmal zu setzen. Ganz Paris, oder besser gesagt, die Pariser Arrivisten lecken ihm den Arsch, und das kitzelt seine Eitelkeit.* Er verweigerte diesem Spektakel seine Teilnahme, denn Delaine hatte *die blöde Idee, jeden Schaffenden nacheinander auf einen Sockel steigen zu lassen, und seinen Namen wie beim Militär in den Raum zu brüllen. Solch einen Blödsinn* unterstützte Pierre Theunissen nicht, er würde sich *nicht für Geld und Erfolg vergewaltigen* lassen.

In der Galerie »Cavalero« hatte Theunissen den Künstler Paolo Boni und seine amerikanischstämmige Frau Cuchi White kennengelernt. Sie waren schnell zu Freunden geworden, denn der Sohn einer italienischen Bauernfamilie mit seinem »caractère solitaire« war bodenständig wie Theunissen, verachtete wie er die Arrivisten. Boni hatte sich mit seinen reliefartigen »Graphisculptures« durchgesetzt, so dass sich das Ehepaar drei Wohnsitze leisten und zwischen Paris, Vallauris und New York pendeln konnte. Dort besuchten Pierre und Jeanine Theunissen sie im Februar 1976.

Gleich in den ersten Tagen wollten Pierre und Jeanine Theunissen das berühmte Philadelphia Museum of Art besuchen, das mit Bildern europäischer Malerei aller Schulen von sich reden machte und dessen Besichtigung Max Ernst ihnen ans Herz gelegt hatte. Besonders Duchamps »Étant donnés« sollten sie sich nicht entgehen lassen. Offensichtlich hatten aber weder Theunissen noch Boni verfolgt, dass Philadelphia seit Jahren zwei Großereignissen entgegenfieberte: Das Museum war wegen der Vorbereitungen der Zweihundertjahrfeier der USA und der Hundertjahrfeier des Art Museums schon seit April 1975 geschlossen. Maßlos enttäuscht stand das Ehepaar vor dem Museum. Als ein älterer Herr aus einem Seiteneingang des Gebäudes kam, folgte Jeanine Theunissen einer unerklärlichen Eingebung – sie sprach ihn auf Deutsch an: ihr Mann sei Bildhauer, sie beide extra aus Frankreich angereist, um dieses Museum zu besichtigen, das ihnen ihr Freund Max Ernst ans Herz gelegt hatte. Ob nicht doch die Möglichkeit eines Besuchs bestände? Der Angesprochene sprach tatsächlich Deutsch, hatte österreichische Wurzeln und kannte obendrein Max Ernst persönlich. Jeanine hatte Theodor Siegel angesprochen, den Chef-Konservator des Philadelphia Museum of Art. Einlass ins Museum konnte auch er nicht ermöglichen, doch mit einer aparten Alternative aufwarten: Siegel bot an, sie zu der Barnes Foundation zu führen. Barnes Foundation? Noch nie hatten die Theunissens von dieser exquisiten Sammlung gehört. Nur ausgewählten Besuchern wurde Zugang zu dem Kleinod gewährt, das sich in einer Villa hinter einer hohen Mauer in einem prächtigen Park in Merion am Rande Philadelphias versteckte. Theodor Siegel hatte die Schlüssel zu diesem Schatzkästlein und öffnete den Theunissens das Tor zu einem musealen Schlaraffenland. Üppigster Kunstgenuss. Delikate Kostbarkeiten im Übermaß – wenn auch chaotisch präsentiert: Dicht an dicht, fünffach übereinander, reihte sich Kunstschatz an Kunstschatz. Peggy Guggenheim hatte in ihren autobiografischen Aufzeichnungen festgehalten, dass sie nie zuvor »so viele Meisterwerke in einem auch nur annähernd vergleichbaren Durcheinander« gesehen hatte. Allein für die großen Matisse-Werke im Oberstock, die der Franzose vor Ort eigens für diesen Raum geschaffen hatte, hätten sich die Theunissens gern viel Zeit gelassen. Wochen hätten sie in dem Museum verbringen können. Und deshalb aßen und tranken sie nicht, sondern berauschten sich als einzige Besucher der Sammlung an den unzähligen Schätzen moderner Kunst aus aller Welt. Erst mit dem letzten Nachtzug fuhren sie zurück nach New York.

Cuchi Boni geriet völlig aus dem Häuschen, als sie vom Besucherglück der Freunde hörte. Sie hatte sich mehrfach vergeblich um eine Besichtigungserlaubnis bemüht. Und dann erzählte sie ihnen vom Sonderling Albert Coombs Barnes, diesem self-made man par excellence.

Der Metzgersohn hatte nach einem Medizinstudium in den USA und einem Chemie- und Pharmakologiestudium in Heidelberg mit dem Antiseptikum Argyrol ein Vermögen verdient, das er in Kunst investierte. Er reiste durch Europa, war immer auf der Jagd nach Kunstgenies und überzeugt, dass »diese Bilder die alten Meister der Zukunft«

werden würden. Zu Beginn des 20. Jahrhunderts hatte er sich bereits eingedeckt mit mehr als zweihundertvierzig Renoirs, hundertzwanzig Cézannes, darunter Kostbarkeiten wie »Les joueurs de cartes « (die Kartenspieler) und auch das größte Gemälde aus dem Zyklus »Les Grandes Baigneuses« (Die großen Badenden). Den Besuchern boten sich mehr als sechzig Werke von Matisse, Dutzende des frühen Picasso, unzählige Bilder von Rousseau, Modigliani, Chirico und Soutine. Den weißrussisch-jüdischen Chaim Soutine hatte Barnes sogar entdeckt, ihn in Paris aus der Gosse geholt und berühmt gemacht. Auch amerikanische Maler des ausgehenden 19. Jahrhunderts wie Maurice Prendergast, William Glackens, Charles Demuth und Horace Pippin hatte Barnes aufgekauft, wann immer sich die Gelegenheit bot, auch alte Meister wie Tintoretto, El Greco, Tizian und Rubens erworben. So hatte er eine der weltweit wichtigsten und eindrucksvollsten Privatsammlungen von Kunstwerken geschaffen, von der die Öffentlichkeit profitieren sollte. Doch nicht in erster Linie, um sich daran zu ergötzen, sondern um Verständnis für moderne Kunst zu entwickeln. Studenten war es sogar gestattet, die Kunstwerke zu Studienzwecken von den Wänden zu nehmen. Kunst sollte vor allem auch sozial Benachteiligte erreichen. Seinen Arbeitern verkürzte Barnes deshalb die Arbeitszeit, verpflichtete sie im Gegenzug aber zu Philosophievorlesungen, die er meist selbst hielt.

Die erste öffentliche Präsentation der Sammlung 1922 geriet zum Debakel. Die Öffentlichkeit fühlte sich von den Werken abgestoßen, wusste mit moderner Kunst, die keine bloße Augenweide bot, nichts anzufangen. Kunstkritiker verhöhnten und verunglimpften Barnes, der tief gekränkt daraufhin beschloss, seine Kollektion in den USA nie mehr öffentlich zu präsentieren. Persönliche Genehmigungen wurden nur noch nach schriftlicher Anmeldung erteilt – oder auch nicht. Ablehnungen mit zynischen Texten oder lächerlichen Entschuldigungen von fiktiven Sekretärinnen erhielten vor allem amerikanische Sammler, Kunstkritiker und Vertreter des Establishments. Und hin und wieder ließ Barnes die Absagen auch mit der unleserlichen Klaue von »Fidèle-de-Port-Manech« unterzeichnen: seinem geliebten Mischlingshund.

2012 erst hat man sich über Barnes Verfügung hinweggesetzt und die Sammlung zum ersten Mal öffentlich präsentiert.

New York hielt noch ein weiteres Mal eine museale Delikatesse für Theunissen bereit. Paul Broches, Sohn des Ronny Broches, dem Pierre Theunissen in den Sechzigerjahren sein Ferienhaus in Seillans restauriert und dabei den Großbrand entfacht hatte, lud das Ehepaar im November 2004 nach New York ein zur Bat-Mizwa, der Feier zur religiösen Mündigkeit seiner Tochter. Die Freude auf das Fest wurde noch übertroffen durch Broches Versprechen, das Ehepaar Theunissen am 20. November zur grandiosen Wiedereröffnung des Museum of Modern Art mitzunehmen.

Freiheiten dieser Art konnte sich Pierre Theunissen erst spät herausnehmen. Jahrelang hatten Reisen ausschließlich der Kunst gedient: Verhandlungen führen, Ausstellungen bestücken. Den Rest des Jahres rackerte sich das Ehepaar damit ab, für sein Alter eine wirtschaftliche Unabhängigkeit zu schaffen. Dennoch hatte Pierre Theunissen bei alledem *nie die Bildhauerei vergessen*. Und auch nicht seine

Weggefährten. Joseph Beuys' Werdegang und künstlerische Entwicklung hatte Theunissen über Jahrzehnte im Auge behalten, Nachrichten und Zeitungsnotizen gesammelt und sich in seinem Tagebuch intensiv mit Beuys' Kunst auseinandergesetzt.

Beuys hatte sich wie Pierre Theunissen vom christlich-humanistischen Wertekanon gelöst, ihn dennoch nicht als Basis aller Reflexionen verleugnen können. Existenzielle Bedrohung hatte sowohl bei Beuys als auch bei Theunissen einen inneren Diskurs ausgelöst, Leiden hatte sie zu geistig Höherem getrieben. Ihrem rheinischen Temperament zum Trotz waren beide Einzelgänger geblieben. Doch im Gegensatz zu Beuys hatte Theunissen die Prominenz seiner Künstlerfreunde nie für sich in Anspruch genommen, Protektionismus abgelehnt.

Als Theunissen 1971 anlässlich der Beerdigung seines Vaters an den Niederrhein reiste, suchte er Beuys in seinem Düsseldorfer Wohnatelier am Drakeplatz 4 auf. Beuys empfing ihn wie einen vertrauten Freund. Obwohl er gerade aus der Dusche kam, bestand Beuys darauf, eine kleine Mahlzeit vorzubereiten: Salat aus allem, was die Vorräte hergaben. Seine Spezialität. Mitunter absurd in der Kombination, doch jedes Mal exquisit im Geschmack, garniert mit Unterhaltung in ›Kleefs Platt‹. Und wieder berührte Theunissen, dass sich Beuys die niederrheinische Einfachheit erhalten hatte. Beim Abschied schenkte Beuys ihm sämtliche Kataloge seiner bisherigen Ausstellungen und Theunissen fand beim späteren Lesen zu seiner Überraschung *eigene leise Gedankengänge* darin: »Verschleißen muss man sich als Künstler, sonst wird das Werk nicht gut. Das erste Produkt menschlicher Kreativität ist der Gedanke und deshalb ist Denken bereits Plastik.« Zu gerne hätte Theunissen eine der beuysschen Aktionen miterlebt, die als Geburtsstunden der Avantgarde galten. Freunde diskutierten 1979 gar die Möglichkeit, mit einem privaten Charterflug die Guggenheim-Ausstellung in New York zu besuchen. Doch Beuys wehrte ab: Gute Freunde wollte er bei seinen Installationen nicht dabeihaben.

Längst polarisierte Beuys, brachte Künstlerblut in Wallung. Menschenfänger, Scharlatan? Geliebt oder gehasst, vergöttert oder verspottet. Den Einfluss Beuys' auf die Rezeption moderner Kunst leugnete niemand: Beuys hatte Impulse gegeben, die Diskussion über Kunst neu belebt und den regionalen Produkten Filz und Margarine als Werkstoffe seiner Heimat zu Kultstatus verholfen. War Beuys dabei nur in die eigene Falle getappt? Er hatte Theunissen anvertraut, dass er als Professor an der Düsseldorfer Akademie hoffte, sich der lästigen Verpflichtung zu regelmäßigen Ausstellungen zu entziehen, indem er in der Galerie Schmela Filzplatten stapelte, und sicher war, mit dieser Aktion ein für alle Mal weiteren Einladungen einen Riegel vorzuschieben. Was als Provokation gedacht war, machte menschlicher Snobismus zu Kult. *Da hat er begriffen, was mit der Menschheit zu tun ist, … Wortwörtlich sagte er: ›Die mache ich doch Alle verrückt.‹*

Auch wenn Theunissen zeitweilig dem Menschenfänger Beuys verfiel, bewahrte er kritische Distanz. Hatte er Beuys' dadaistische politische »Organisation für Nichtwähler und Tiere« 1971 noch als Nonsens-Projekt unterstützt, so trat er aus, als er das Gefühl hatte, dass Beuys die Sache ernst zu nehmen begann. Kunst sollte sich nicht zum Erfüllungsgehilfen der Politik machen. *Jeder, der sich mit*

Überzeugung einer Partei, Religion etc anschließt wird zum Massenmenschen, verliert seine Freiheit. Individualität und persönliche Freiheit aber gingen Theunissen über alles.

1972 erbat sich Beuys von Theunissen Schützenhilfe: Er war seines Professorenpostens an der Düsseldorfer Akademie enthoben worden, weil er den Numerus Clausus unterwandert und eigenmächtig allen Studenten uneingeschränkten Zugang zu seinen Seminaren gewährt hatte. Nach Ansicht des Kultusministers war er damit als Lehrender nicht mehr tragbar. Pierre Theunissen mobilisierte französische Künstler, Schriftsteller und Professoren, konnte zur Freude Beuys' auch Antoni Tàpies gewinnen, der sich zu jener Zeit intensiv und provokativ mit Politik auseinandersetzte. Die zweisprachige scharfe Protestnote sparte nicht mit Vorwürfen und verärgerte den damaligen nordrhein-westfälischen Minister für Wissenschaft und Forschung Johannes Rau nachhaltig.

Beuys war Mensch, Künstler und Phänomen. Mit dem Menschen Beuys litt Theunissen, wenn der *in seiner Eitelkeit und inneren Verletzbarkeit bis an die Grenze des Wahnsinns* getrieben wurde. Er schätzte die *erbarmungslose und kompromisslose Arbeit* des Künstlers Beuys, erlaubte sich dennoch, sie kritisch zu hinterfragen: *Alles ist Kunst, was wir tun? … Was Beuys meint, ist, aus allem lässt sich Geld machen.* In den Siebzigerjahren begannen die einschlägigen großen Museen, sich mit Beuys' Werken einzudecken. Preise katapultierten in neue Höhen. In den Achtzigerjahren hatte der Beuys-Kult seinen Höhepunkt erreicht und Spitzenreiter Robert Rauschenberg vom Turm der einhundert größten Gegenwartskünstler gestoßen. Dem Phänomen Beuys widmete sich Theunissen über Jahre hinweg, versuchte es wieder und wieder neu zu ergründen. Wollte ihm in kreativer Hinsicht auf die Spur kommen, um sich gleichzeitig von ihm abzugrenzen. Vergleiche konnten nur ins Leere laufen, denn für Theunissen war Beuys *kein Bildhauer im üblichen Sinne*, eher *ein intellektueller Gestalter, welcher durch Hinzunahme von zeitlosem und zeitgebundenen Gegenständen sinnbildlich sich äußert.* Er war einfach *vom Wesen her keine Bildhauerfigur. Seine frühen Arbeiten waren immer flach, ob in Holz, Bronze, Schiefer oder Blei. Nie wirklich dreidimensional. Keine Rundplastik, aber Relief oder reliefhaft.*

So hat er vielleicht aus plastischer Verlegenheit zum Vorhandenen gegriffen – und daraus sind dann die Aktionen geworden – Scandalhaserie eines Provokationskünstlers in einer Zeit der Kunsterfinder. Das war nie Theunissens Anspruch gewesen. Für ihn hatte *Kunst nichts mit Erfindung zu tun, aber mit persönlicher Aussage*. Er sah sich *als Filter, wo alles durchgeht, und das was raus kommt, kann vielleicht eines Tages Kunst sein.*

Achtung zollte Theunissen dem *Erneuerer der Kunst* dennoch. Weil bei Beuys *Wissen, Wissenschaft, Denken, Persönlichkeit, Bildhauerei, Politik, Religion, Zeichnen usw zu einem Ganzen* verschmolzen, hatte Beuys die Kunst zu einer Neubesinnung gezwungen und *alle überspitzten Werturteile in der Kunst zurecht- und im Leben wieder auf den Normalpegel zurückgerückt.* Uneingeschränkten Respekt brachte Theunissen Beuys' Zeichnungen entgegen, denn die *kommen ganz aus seiner sensiblen und intellektuellen Welt, und sind somit ein Ganzes.*

Am 18. Juni 1978 tastete sich Beuys' breiter Bentley den schmalen Anfahrtsweg nach Les Veyans in Le Tignet hinauf. Beuys war mit Frau und seinen zwei Kindern Theunissens seit langem ausgesprochener Einladung gefolgt. Auch im Urlaub hielt der Aktionskünstler an seiner Selbstinszenierung fest: Trotz größter Hitze legte er selbst beim Essen seinen Hut nicht ab, seine unverwechselbare Anglerweste klebte wie eine zweite Haut am Körper.

Nach Mittagessen und Siesta nahmen sich die beiden Männer Zeit für Pierres Palmenholz- und Zedernholzplastiken. Theunissen war Zeuge gewesen, wie Beuys Arbeiten von Georg Baselitz und Antoni Tàpies öffentlich abqualifiziert hatte: »Alter Schnee, alles alter Schnee.« Wie würde er sich zu Theunissens Skulpturen äußern? Er betrachtete sie. Sorgsam. Konzentriert. Schweigend. Kommentarlos.

Redselig wurde Beuys erst wieder beim gemeinsamen Erkunden der Natur. Theunissens Wissen um Pflanzen und Heilkräuter beeindruckte ihn. Die Männer sammelten Kräuter, pflückten Feigenkakteen. Am Abend saßen die beiden Rheinländer unter Olivenbäumen und tauschten ihre Erfahrungen aus: nicht über die Kunst, sondern über die Mühen von Verkaufsverhandlungen und Umsetzung von Visionen.

Bei späteren Begegnungen in Deutschland beunruhigte Theunissen zunehmend das innere Feuer, das Beuys verzehrte. Beuys hielt Theunissen mit politischen Postkarten und Kurzbriefen auf dem Laufenden, die sein atemloses Bemühen um Nachhall in der Kunstwelt widerspiegelten.

Beim Besuch im Mai 1985 hatte Theunissen den Freund schwer krank angetroffen, erlebte ein letztes Aufbäumen im Herbst 1985 in Neapel. Theunissen hatte 1953 Beuys' erster Ausstellung beigewohnt, seine letzte große Installation im Museo di Capodimonte in Neapel wollte er sich nicht entgehen lassen. Der erste Eindruck wirkte enttäuschend, *da es nur zwei Vitrinen zu sehen gab. ... Aber dann wurde ich nach einer kurzen Zeit von diesem totenhallen ähnlichen Ausstellungsraum mit diesen eigenartigen Vitrinenauslagen in eine Totenstimmung gefangen. Beuys hat immer magische Ausstrahlungen gehabt, aber dort noch mehr.*

Die Nachricht von Beuys' Tod am 23.Januar 1986 löste bei Theunissen letzte Reflexionen über Beuys' *unglaubliches Leben* aus. *Das Leben gab ihm die Möglichkeit vom tiefsten Stand der Tiefen bis zu den höchsten Erfolgen zu leben, was nur wenigen Menschen gegeben wird.*

Er hat ein ganzes Leben gelebt mit konsequenter Gradlinigkeit.

Er ist im richtigen Augenblick gestorben. Da, wo es mit seiner Kunstrichtung zu Ende geht, und schon ›die Wilden‹ oder besser gesagt, ›die Pflaumigen‹, im Mittelpunkt stehen, und noch ruhmsüchtiger sind als die Beuysgeneration. [...] Nach Max Ernst ist das der Verlust unserer letzten deutschen Persönlichkeit im Freundeskreis. Pierre Theunissen übergab sein Konvolut mit Beuys' Briefen, Postkarten und persönlichen Widmungen dem Joseph Beuys Archiv der Stiftung Museum Schloss Moyland.

Das Jahr 1986 ging in Theunissens Annalen als das Jahr des *großen Bildhauersterbens in und aus Kleve* ein. Nur wenige Monate nach Beuys starben Theunissens niederrheinische Lehrmeister Josef Kopetzky und Alfred Sabisch. Der Klever Raum war für ihn *sehr leer* geworden.

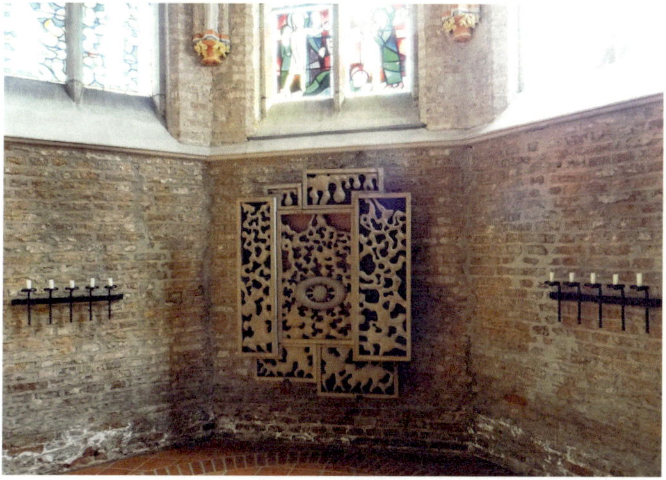

»Hommage à Douvermann«

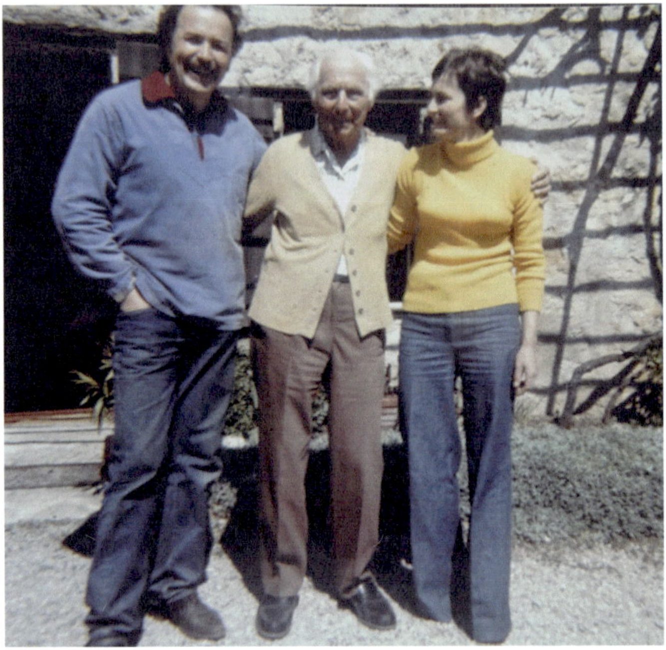

Künstlerfreunde von Pierre und Jeanine Theunissen –
Max Ernst mit seiner Frau Dorothea Tanning

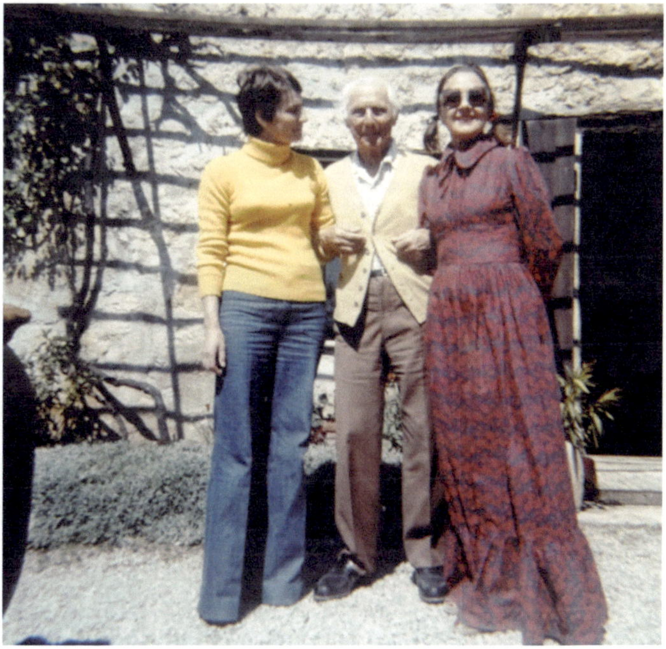

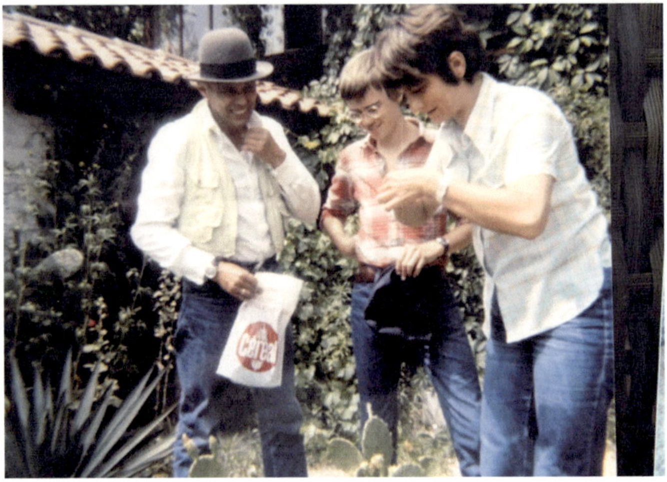

Freunde vom Niederrhein bis zum Tod:
Joseph Beuys kam 1978 mit Familie zu Besuch

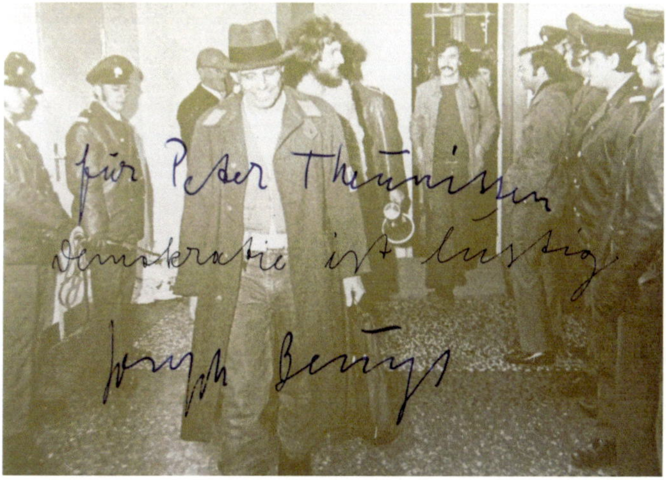

Beuys und Theunissen –
verbunden durch Heimat und Politik

Kapitel 5
Äußere Einwirkungen

Ich tue mein Bestes, und wenn es nicht das Beste ist, ist es nichts.

Frankreich, 1985–1999

Begegnungen und Gespräche mit Max Ernst und Joseph Beuys hatten bei Pierre Theunissen geistige Schleusen geöffnet. Beuys' Kunst hatte ihn herausgefordert, Wesen, Ausdrucks-formen, vor allem auch Entstehungsbedingungen von Kunst zu hinterfragen. Lief er in seiner provenzalischen Idylle Gefahr, den Anschluss an die Kunstszene zu verlieren? *Mein ganzes Bemühen setze ich jetzt auf meine Person als Schaffender ein. Es geht mir darum, aus meiner Person und meiner Arbeit ein Ganzes zu machen. Es ist mein Lebensziel geworden mit meinem ganzen Bewußtsein.*

Pierre Theunissen war empfindlich geworden. Neid war ihm fremd, doch Bitterkeit kam schon auf, wenn sich Museen und Galerien seiner Meinung nach bei ihm zu sehr mit Ankäufen und Ausstellungsangeboten zurückhielten. Bei Gruppenausstellungen fühlte er sich von den Medien vernachlässigt, wie bei einer Ausstellung im Schloss von La Napoule. *Meine 8 großen Sculpturen stehen wirklich gut in der Hauptallee. Aber in der Fernsehsendung oder Radiosendung hat man mich mal wieder, wie so üblich, vergessen. Dieses dauernde Übergangensein* zerrte an der Moral.

Theunissen war ein handfester, athletischer Kerl. Einer, der niemandem Honig ums Maul schmierte, der niemanden hofierte, niemanden schonte. Der keinem Konflikt aus dem Weg ging, keine Diskussion scheute, zu Rundumschlägen gegen sich und die Welt ausholte. Wahrhaftigkeit im Wort, Werk und Auftreten war ihm wichtig. Theunissen kleidete sich für sein Handwerk angemessen, lehnte künstlerischen Schnickschnack ab: kein Beuys-Hut, keine Künstler-Weste – wohl wissend, dass Kompromisslosigkeit und Offenheit den zwischenmenschlichen Umgang nicht erleichterten. *Die Insel, auf der Jeanine und ich leben, wird immer größer.* Und doch würde er lieber *das Kunstleben mit seinen furchtbaren Menschen vergessen*, als sich anzupassen. Theunissen hatte noch nie mit seiner Meinung hinter dem Berg gehalten, seinen Unmut auch in La Napoule die *Organisatoren sehr ungehalten wissen lassen, was sie mit eingezogenem Kopf eingesteckt haben.* Dafür hatten sie ihm das Attribut ›Störenfried‹ angeheftet, ihm Starrsinn gepaart mit Streitlust unterstellt. Theunissens Konsequenz: *für die Zukunft hier in Südfrankreich nicht mehr an solchen Gruppenausstellungen teil zu nehmen.*

Der Bildhauer provozierte durchaus. Seine biografischen Angaben in Ausstellungskatalogen gestaltete er zuweilen als trotzige, sarkastisch-provokante Gegenentwürfe herkömmlicher Lebensläufe, wobei ihm wohl bewusst war, dass Galerien und Museen diese Art sich darzustellen nicht begeistern konnte: Skulpturenausstellungen degradierte er zur *Holzablage in La Gaude und Grasse* oder zur *Holzaufstapelung im Bahnhof Cannes*. Seine Teilnahme beim 2. Skulpturenwettbewerb in Digne gab er der Lächerlichkeit preis: dort habe er *einen weißen Carrara Block mit einem Eisenring verunstaltet.*

Nicht wenige interpretierten sein Auftreten als Zynismus und Arroganz, die doch nur die Dünnhäutigkeit und Verzweiflung seiner Künstlerseele cachierten. Denn Theunissen litt. Litt *unter der immer größer werdenden Unzulänglichkeit der Menschheit, an Lebensformen, Politik, Korruption, Religionen, Sekten, Faschismus, Rassenkampf und Mafia auf der ganzen Welt.* Litt psychisch und physisch unter Absagen für Wettbewerbe und Ausstellungen. Depressivität lähmte. Nicht nur den Geist, auch den Körper. Immer wieder verdammten ihn Bandscheibenvorfälle zur Untätigkeit.

Von Rückenschmerzen geplagt, begab er sich im November 1983 dennoch auf Reisen nach Paris, Rouen, Dünkirchen. Eine Pariser Galeristin hatte ihm im Sommer Hoffnung auf eine Einzelausstellung gemacht, nachdem sie sich in der Bahnhofsausstellung in Cannes für seine Werke begeistert hatte und seinem Freund FRANTA zwischenzeitlich in Paris einen positiven Bescheid zukommen ließ. Theunissen machte sich daraufhin, mit sperrigen Leinwänden beladen, auf den Weg in die Hauptstadt. Dort sahen die beiden Galeristinnen die Dinge plötzlich *durch eine andere Brille*, zeigten Theunissen die kalte Schulter, ließen ihn regelrecht abblitzen.

Selbstquälerisch suchte er immer wieder die Museen auf, die ihm eine Absage für eine Ausstellung seiner Arbeiten erteilt hatten. Er wollte sich sein eigenes Bild über die Gründe der Ablehnungen machen, schaute sich vor Ort um und fand es im Nachhinein *ganz logisch, denn Skulpturen gab es nicht zu sehen. Dafür ganz kleine Beuysnachahmer.*

Doch das anschließende *starke Erlebnis* der Turner-Ausstellung in den Galeries nationales du Grand Palais machte vorübergehend Mühsal und Qual vergessen.

Turner – das war für Theunissen *der erste Impressionist und der erste Gegenstandslose*. Der den Schritt vom realistischen Stil hin zum nicht-gegenständlichen gewagt hatte. Der sich über Ablehnung, Hohn und Kritik seiner Zeitgenossen hinweggesetzt hatte. *Ein Mann welcher in seiner Zeit so lange vom hochnäsigen Paris verkannt* worden war. Ein Mann, dem er sich dann ganz nah fühlte.

Von Paris aus erfüllte sich Theunissen einen lang gehegten Wunsch: *van Gogh in Auvers-sur-Oise einen Besuch zu machen*. Dem Holländer fühlte er sich noch mehr verbunden, denn *Kunstwerke sind die größten Treffpunkte der Menschheit.* Er hatte van Goghs Biografie und die Briefwechsel zwischen Vincent und seinem Bruder Theo verschlungen, des Künstlers Psyche in seinen Werken zu ergründen versucht und von Anfang an Seelenverwandtschaft empfunden. Van Gogh und Theunissen – sie hatten die Einsamkeit der künstlerischen Arbeit gewählt, *lebten in und mit der Natur, wurden von einem tierischen Instinkt getrieben und geleitet.* Der triste Novembertag tat damals sein Übriges, um Pierre Theunissen in Auvers-sur-Oise in die Welt des Post-Impressionisten, des tragischen Künstlers mit spätem Ruhm zu versetzen. Sehr emotional gibt sein Tagebuch die Eindrücke des Besuchs wieder: *Alles schien noch so zu sein, wie es vor 100 Jahren war. Eine tief berührende Stimmung und Stille schwebte in seinem Sterbezimmer. Durch das kleine Dachfenster sah er zum letzten Mal das für ihn so wichtige Licht. Das Licht, um seine dunkle Seele zu erhellen. Das Licht, was ihm die Möglichkeit gab in zwei Jahren ein großes Werk zu schaffen. Das Licht, was auch zugleich sein Leben, Körper und Gehirn zerstörte.* Am Grab der beiden van Gogh-Brüder überwältigte Theunissen der Wunsch, *als versteinerte Säule stehen* zu bleiben.

Auf der Weiterreise nach Rouen und Dünkirchen versöhnte sich Pierre Theunissen mit Gilbert Delaine, den er bei einem der letzten Treffen brüskiert hatte, weil er an Delaines werbeträchtigen Museumsfesten nicht teilgenommen hatte. Der Direktor des Museums für zeitgenössische Kunst kaufte Theunissen eine seiner großformatigen Faltenarbeiten ab und versprach neue Ankäufe für den kommenden Sommer.

Fünfundzwanzig Jahre lang hatte das Palmenholz die Skulpturen des Bildhauers Theunissen dominiert. Der Künstler hatte dieses Material vor der ›Verschrottung‹ bewahrt, es in seinen Tiefen durchdrungen und seine Eigenarten ans Licht gebracht. Alles, was seine Künstlerseele ausmachte, hatte Theunissen diesem Werkstoff eingehaucht. Im Schaffensrausch hatte er sich an ihm verausgabt. Nun schien er keine neuen kreativen Möglichkeiten bereit zu halten. Dennoch *weiter fabrizieren?* Nein, die Zeit war reif für eine Neuorientierung, wie sie das Leben ihm schon oft abverlangt hatte. Die Palmenholzskulptur »Bruch« (Cassure), 1982, eine zerbrochene, sich nach oben öffnende, unvollständige Figur, darf deshalb als Symbol gesehen werden für den Abschied von einer entscheidenden Lebensphase des Bildhauers Theunissen. Sie ist »die Allegorie der Verabschiedung und Erlösung eines Werkstoffes«.

Selbstzweifel wühlten Theunissen in Umbruchphasen immer sowohl seelisch als auch körperlich auf. Aber: *Aufgeben? Sich selbst aufgeben?* Niemals. Dann lieber der Wunsch »tot zu sein für alles, außer für meine Arbeit«.

In van Goghs Worten fand sich Theunissen, sie waren ihm Stütze in haltlosen Zeiten, stärkten seinen Geist. Auch er lebte für seine Kunst, denn *nur die Kunst und Kultur gibt Zeugnis vom gewesenen Menschen. Dessen Lebensform.*

Theunissen experimentierte. Nahm sich jedes Materials an. Marmor, Steine, Pflanzen, Muscheln, Muschelkalk. Er ließ sich schon wie zu Studentenzeiten versuchsweise erneut auf die Frästechnik ein, setzte dem Material mit gleichmäßigen Rillen zu, als könne er es zur geologischen Urform zurückführen, als Meere das Gestein durch Schläge, Risse und Falten geprägt hatten. Doch alles blockierte ihn, führte in Sackgassen.

Dann fühlte er sich *wie ein angeschlagenes Tier, was von Gesunden gefressen wird.* Die Rückkehr zur *barocken Sinnlichkeit* aber, mit der er sich im Palmenholz ausgedrückt hatte, schloss Theunissen definitiv aus, selbst wenn Kunstkritiker Robert Butheau 1984 einen traurigen Abgesang auf die Werkphase Palmenholz anstimmte, auf diese Skulpturen »unverhohlener Sinnlichkeit«.

Lourd de désir voluptueux

Ces bois ont renoncé à toutes flammes
sans cesser de vivre,
ils ont cédé à la souffrance du burin
pour subir, ensuite, les contrariétés
du froid et de la chaleur.
Ces bois ne sont pas des natures mortes,
ils prennent leur plaisir
aux jeux des autres.
Ce ne sont pas des anges morts
qui peupleraient la terre,

ce sont des fleurs d'ombre
qui accueillent le regard.
Ces bois sculptés se surpassent
à force de renoncer.
Le couteau de l'homme
leur a libéré le coeur.[5]

Theunissen suchte eine neue Herausforderung, suchte wieder ein Material, das ihm Widerstand entgegensetzte. Vorübergehend glaubte er, es im Beton zu finden. Ab 1983 begann er, mit Beton zu modellieren. »Pétrification« ist eine Betonplastik, die an einen luftig aufgeblähten, doch noch nicht restlos entfalteten Ballon denken lässt. Aber der Dialog mit diesem künstlichen Stoff befriedigte nicht, misslang von Anfang an. »Das Holz stellt Fragen, der Beton gibt einen Seufzer von sich. Das Holz widersetzt sich, der Beton passt sich an.« Pierre Theunissen konnte ihm seinen Willen aufzwingen, für manche Werke auch seine scheinbare Robustheit brechen, indem er die fertige Betonmischung in große Kunststoffbahnen füllte, sie aushärten ließ und dann von der Ummantelung befreite. Die Kunststoffhüllen hatten dem spröden Material seine grobe Natur genommen und ihm eine feine Oberflächenstruktur

---

5 Diese Hölzer haben jeder Flamme widerstanden / Und nie aufgehört zu leben / Sie haben sich dem Schmerz des Meißels hingegeben / Um dann auch das Wechselbad / Von Heiß und Kalt zu ertragen. / Diese Hölzer sind keine Stillleben / Es gefällt ihnen, / wenn andere mit ihnen spielen. / Sie sind keine toten Engel / Die die Erde bevölkern / Es sind Schattenblumen, / die den Blick auf sich ziehen / Diese Holzskulpturen wachsen über sich hinaus / weil sie Verzicht üben / Das Messer des Menschen hat ihr Herz freigelegt.

verliehen, die an glattgeschliffenen Marmor denken lässt. Der Werkstoff schien modifiziert. Theunissen schichtete die Betonelemente zu Stelen und Säulen auf – ein Ganzes aus Einzelelementen, die sich wieder durch individuelle Faltenformung auszeichneten. Betrachter assoziierten Totems oder antike Obelisken.

Im September 1984 wurden einige dieser Betonsäulen im Schulhof der neuen Schule von Peymeinade aufgestellt.

Beton blieb eine Übergangsphase, denn nur mit dem Beton kam er nicht weiter. Für Theunissen hielt dieser Werkstoff zu wenig Gestaltungsmöglichkeiten bereit. Obendrein setzte ihm die körperliche Belastbarkeit Grenzen, wenn zentnerschwere Betonteile getragen und übereinander gestapelt werden mussten.

Der Künstler fand zu neuer Ausdruckskraft, als er verschiedene Werkstoffe miteinander kombinierte. *Eisenguß, Beton und Holz, das sind die neuen Materialklänge*, die das innere Gefangensein, die Knebelung im eigenen Körper hörbar machen konnten. Seine *neue Arbeitsweise* dokumentierte der Bildhauer im Frühjahr 1983 mit der großen Zedernholzplastik mit Eisengürtel und Betonausbruch »Der Keuschheitsgürtel ist ein bisschen zu eng« (La ceinture de chasteté est un peu trop serrée), 1985. Innerhalb der hölzernen Skulptur war der Beton – den er später wieder entfernte – *zum Weichteil geworden, oder innere Organe, welche nach außen durchbrechen. Holz, Eisen und Beton* – das Kranksein an der Welt hatte sich wieder einmal durchgefressen, Theunissen hatte es sichtbar gemacht.

Diese eher pessimistische Weltsicht setzte Theunissen auch auf dem »IIe symposium international de sculpture« 1985 in Digne um.

Zwölf Bildhauer aus aller Welt hatte die Lavendelstadt eingeladen, aber nur der Deutsch-Rumäne Hans-Georg Adochi fand Gnade vor Theunissens Bildhauermaßstäben. Theunissen umgürtete seine 2,70 Meter hohe Marmorplastik mit einem Eisenband. Aus dem geköpften Halsansatz brach roter Beton heraus: *symbolhafte Wiedergabe unseres unfreien Lebens besonders unserer heutigen Zeit.* Gespaltenes Echo beim Publikum: Die einen konnten den verborgenen Sinn der »étrange sculpture«, der sonderbaren Skulptur nicht erkennen, die anderen fanden ohnehin keinerlei Zugang zu »le non-figuratif«, zum Nicht-Gegenständlichen. Mit abfälligen Bemerkungen geizten beide nicht.

Der Tag der Preisverleihung war furchtbar. Die Jury tat sich schwer mit einer Beurteilung, teilte die Preise, um möglichst wenige der Teilnehmer zu düpieren oder leer ausgehen zu lassen, und – was für Pierre Theunissen das Schlimmste war – überreichte jedem Künstler *wie einem Rennfahrer* eine kleine Bronzeskulptur. *Wollten sie uns mit der Bronzesculptur zeigen, was Bildhauerei ist?* Theunissen entfloh dem unwürdigen Spektakel und ließ die Organisatoren *mit der Trophäe sitzen.*

Auseinandersetzungen dieser Art hinterließen ihre Spuren in der Künstlerseele und bereiteten Theunissen immer wieder *große Qualen durch den ganzen Körper*, der sich dann bildhauerischer Arbeit wieder verweigerte. Ein Teufelskreis, aus dem erst das Selbstgespräch mit seinem Tagebuch Geist und Körper befreite.

Tagebuch schreiben diente Theunissen mehr und mehr als Ventil für seine Psyche. Hier arbeitete er seinen *angeborenen Pessimismus* ab, um sich seine *positive Seite* ganz für die Kunst zu bewahren. Die Eintragungen sind Protokolle seiner Künstlerseele und legen Zeugnis seines Künstlerlebens ab. Sie geben Einsichten in das Ringen eines Künstlers um künstlerische Freiheit und dessen immerwährendes Streben nach Wahrhaftigkeit. Theunissens Aufzeichnungen reiften im Laufe der Jahre zu Dokumentationen, die mit Briefen, Bewerbungen, Absagen sowie Zeitungsartikeln und Sterbemeldungen von Menschen, die ihn beeinflusst hatten, ergänzt wurden. Er überarbeitete, revidierte alte Aussagen, machte Anmerkungen zu neuen Erkenntnissen.

Berichte über die Raumfahrt in den Achtzigerjahren stießen bei Pierre Theunissen philosophische Diskurse an. Er setzte sich intensiv mit den Naturwissenschaften auseinander, mit dem Werden und Vergehen und der Unendlichkeit des Weltalls. Er träumte davon, Grenzen zu sprengen und zu neuen Universen aufzubrechen. Als 1983 die *erste amerikanische Sonde von unserem Sonnensystem in ein Anderes geflogen* war, frohlockte Theunissen über *wirklich wohltuende und erfreuliche Unternehmungen des Menschen.*

Die Bilder der Fernsehübertragungen, der Anblick der Erde aus dem All, die sichtbaren Verwerfungen, die geahnten Höhen und Tiefen des Universums inspirierten Pierre Theunissen 1983 zu künstlerischen Experimenten, die er mit großem Enthusiasmus begann und ›*Irradiart*‹ nannte. Er arbeitete mit der Airbrushpistole auf reliefhaft ausgelegtem Tuch. Die Wirkung überwältigte ihn. Sie kam *einer Atomexplosion* gleich, *welche durch Radiation, wie in Hiroshima, die Schatten der zu Tode gekommenen Menschen auf die Mauer geworfen hatte.* Überzeugt, einen neuen Weg beschritten zu haben, war die Enttäuschung bitter, als er beim Blättern in einem alten Kunstmagazin, »l'art vivant« Nr. 12, Juli 1970, auf einen Artikel über den Amerikaner

Ken Showell stieß, der eine vergleichbare Technik längst umgesetzt hatte. Theunissen experimentierte dennoch weiter, überzeugt, seinen eigenen Weg hinter dem »Schwarzen Loch« (Trou noir) zu finden. Denn *Erfindung und Gefundenes waren noch lange keine Kunst. Dazu gehört auch, was man selber hinein tut, und daraus macht.*

Aber Brot geht vor Kunst, und um seinen Lebensunterhalt zu sichern, arbeitete der Handwerker Theunissen halbtags als *Schreiner, Maurer und Sonstiges.* Nachmittags widmete sich der Künstler Theunissen den großen Leinwänden, um seine Falten- und Fahnen-Bilder weiter zu entwickeln: zweidimensionale Arbeiten mit dreidimensionaler Wirkung. »Kompression und Extension des mit dunklen Tuschetönen gesättigten weißen Blattes« ließen Faltenaufwerfungen entstehen, die »auf die tektonischen Verwerfungen, Zerklüftungen und Tiefen der Bildoberfläche anspielen«. Die grafischen Serienbilder machten einen körperlich-räumlichen Prozess sichtbar und bezogen den Betrachter in die Denkprozesse des Künstlers ein: Falten. Ursprung des Lebens und allen Seins. Alpha und Omega jeglicher Existenz. Den bildhaften Ausdruck seiner Reflexionen untermalte Pierre Theunissen sprachlich mit philosophischen Ideenfolgen.

Die Erde ist ein versteinertes Faltenmeer. Das Meer formt vom Beginn und bis zum Ende gewaltige Faltenwürfe. Der Himmel bildet vom Anfang bis zur Auflösung ein sinnliches Faltenspiel. Ein Leben ohne Falten ist nicht denkbar.

Sobald sich eine dreidimensionale Masse durch Druck, Schub oder Zug formt, entstehen Falten. Erstarrte, oder ständig in Bewegung befindende Falten […].

Der Mensch.

In den warm schützenden Falten des Mutterleibes werden wir geboren, und kommen als kleines krebsrotes Faltenpaket an den Tag, um uns entfalten zu können. Unsere Gesichts- und Körperfalten sind das Tagebuch unseres Lebens. In uns ist auch alles Faltung. Das Gehirn ist die komplizierteste und intelligenteste Faltung unseres Daseins.

Selbst in der Technik ist die Falte oder Faltung ein Stabilisierungselement.

Wo die Falten sind, ist Leben. […] Wo die Falten ihre Spannung verlieren, ist das Sterben nahe. Das Ende ist erreicht, wenn die Erde nichts weiter ist als *eine nacktkalte, faltenlose Kugel im Weltraum.*

Zwischen 1982 und 1985, zwischen Palmenholzperiode und den Experimenten »Äußeren Einwirkungen«, schuf Theunissen einen Zyklus von Montagen. Der Künstler rekomponierte Holzschnitte aus den Siebzigerjahren, die seinem künstlerischen Anspruch mittlerweile nicht mehr standhielten. *Ich tue mein Bestes, und wenn es nicht das Beste ist, ist es nichts.* Er zerteilte die intakte Bildoberfläche durch parallele Schnitte und arrangierte diese Bahnen durch Verrücken, durch Verzerrungen und Verschiebungen – den Verwerfungen der Erde gleich – zu einem neuen Bildganzen. Was wie Zerstörung anmutete, fügte sich zu neuer Ordnung, in der Mensch, Natur und Umwelt in neuer Qualität zusammenfinden konnten. Der künstlerische Schachzug eröffnete neue Blickwinkel, war Sinnbild für Theunissens Vorstellungen eines zu heilenden Kosmos. Denn nicht die Schöpfung stellte Theunissen in Frage, sondern die ›Deformationskultur‹ des Menschen.

»Nacht und Tag«, 1990, nannte Pierre Theunissen später eine ähnliche Werkgruppe von seriellen Papiermontagen.

Ein monochromes schwarzes Rechteck eröffnet eine achtzehnteilige Serie. Das Viereck gibt einem Riss nach, der das Schwarz durchbricht, der sich über die gesamte Fläche zieht und dem darunter pulsierenden Weiß Raum schafft. Ihm die Möglichkeit bietet, sich das Terrain allmählich, doch unaufhaltsam zu erobern, bis es schließlich im monochromen weißen Rechteck triumphiert. Der Sieg des Positiven über das Negative währt nur kurz. Äußere Einflüsse verdrängen das Lichte von beiden Seiten, ringen es nieder bis zum monochromen Schwarz. Spiel von Tag und Nacht. Kampf von Hell und Dunkel. Auch in dieser seriellen Periodik steckte die Forderung nach stetigem Sich-neu-Orientieren. Sie war Werden und Vergehen, Kommen und Gehen und damit eine Allegorie auf das Leben selbst.

Letztlich aber arbeitete Theunissen mit den Streifenschnitten und Papiermontagen schon wieder auf das Dreidimensionale hin. Ihn verlangte es nach einem hohen Maß an Geformtheit – und das war und blieb die Skulptur. So fanden gegen Ende des Jahrtausends die seriellen Bahnenbilder ihre bildhauerische Entsprechung in den Arrangements von Fassdauben für eine Ausstellung im Weingut Château Sainte Roseline in Les Arcs sur Argens im Jahr 2000. Kaum ein Ort hätte sich besser gemacht für die künstlerische Auseinandersetzung mit der neuen Materie.

Generationenlang waren ausgediente Weinfässer im Keller von Theunissens Schwiegervater in den piemontesischen Bergen gelagert worden. Der Küfer hatte das Holz seiner Ordnung unterworfen, hatte die Dauben mit Metallbändern jahrzehntelang in ihre Form gespannt.

Theunissen trennte das so lange Verbundene, um es neu zu arrangieren. Er befreite die Dauben vom Joch, lockerte sie und löste den Druck. Er sprengte die Fassringe und legte das Innere frei, in dem Weinsteinkristalle und Ablagerungen in changierenden Rottönen noch von ihrer Bestimmung zeugten und Theunissen faszinierten. Dann schraubte er Altes zu neuen Gebinden: »Schraube 1, 2« (Vis 1, 2), 1987. Spiralte sie zu monumentalen Wendeltreppen. Fächerte sie: »Gefächert« (En éventail), 1998. Türmte die Längshölzer zum »Daubenturm«, (Tour des douves), 1998, und machte damit auf die Tradition aufmerksam, mit der die Fassbinder die frisch gespalteten Eichenhölzer zum Trocknen zu hohen Fassdaubentürmen schichteten. Bei alledem blieb Theunissen wieder dem Einfachen verhaftet, in dem das Wesen der gewählten Materie am überzeugendsten zum Ausdruck kam. Pierre Theunissen gab den leeren Holzfässern eine neue Bestimmung – Dreieinigkeit von Künstler, Mensch und Schöpfer. »Kaum ein anderes künstlerisches Werk der Gegenwart zurrt die Extreme der Materialbeschaffenheit auf der einen und der Bearbeitungsidee auf der anderen Seite so eng zusammen. Kaum ein anderes Werk amalgiert Gegensätzliches wie Naturprodukte und Artefakt, Gebrauchsfähiges und Ausrangiertes, Abfall und Neuwert und modifiziert es zu ästhetischen Resynthesen«.

›Abfall‹ gab es auch bei dieser Serie nicht. Selbst die metallenen Bänder, die die Dauben zusammengehalten hatten, übergab er nicht dem Verschrotten, sondern fügte sie zu einer neuen Ordnung: »Ordnung und Unordnung« (Ordre et Désordre), 1987, gehen genauso wie »Kugeln« (Boules), 1998, und »Kugel in der Kugel« (Boule dans la boule), 1998, in ein neues Universum ein, das auf Werden und Vergehen verweist. Das Metall bearbeitete Theunissen nicht, sondern setzte es dem natürlichen Zersetzungsprozess aus. Die gewollte Oxidation verlieh dem Material ganz eigene Farbfacetten.

Immer wieder gaben äußere Umstände und Ereignisse Theunissens Phantasie und Kreativität neue Impulse – wie der verheerende Waldbrand vom 31. Juli 1985, der unweit von Theunissens Wohnsitz eine Fläche von zweitausendsiebenhundert Hektar vernichtete.

Mit dem Rauch stiegen Erinnerungen an den 3. Oktober 1970 auf. Jeanine und Pierre Theunissen erwarteten damals Max Ernst und Dorothea Tanning zum ersten privaten Mittagessen in Les Veyans. Der Mistral hatte aufgedreht und von der Terrasse aus sah die Gesellschaft die ersten feinen Rauchfäden hinter dem Quartier Belluny im Massif du Tanneron aufsteigen, die sich in Windeseile formierten, zu *einer schwarzen Hölle* aufblähten, Zerstörung und Tod brachten. Unter den Toten waren auch die Frau und die vier Kinder des bekannten Schriftstellers Martin Gray.

Fünfzehn Jahre später fraß sich das Feuer wieder durch das Massif du Tanneron. Hinterließ wieder Zerstörung und Tod, verkohlte Wälder, zerstörte Häuser, verbranntes Terrain. Diesmal aber setzte unmittelbar nach dem Feuer ein Regen ein. Sobald es möglich war, fuhr Pierre Theunissen an den Ort der Verwüstung. Die apokalyptischen Bilder wurde er lange nicht mehr los: Hölzerne, vom Feuer angefressene Telegrafenmasten baumelten wie faule Zähne an durchgeschmorten Leitungen. Aufgeplatzte Leiber von Tierkadavern säumten die Wege. Das Feuer hatte Leben und Farben ausgelöscht und nur noch Überreste der Zivilisation zurückgelassen. In einer Mulde stieß Theunissen auf einen Schrottplatz, auf dem die Anwohner der Umgebung offensichtlich Metalle aller Art entsorgt hatten. Das Feuer hatte sich über Autowracks, Kühlschränke, Springroste, Böden von Eisenfässern und Eisenbleche hergemacht, sie ausgebrannt, verbrannt, korrodiert und durch die Hitze deformiert. Der einsetzende Regen hatte das noch glühende Eisen dann einem Kälteschock unterworfen, es gehärtet und ihm eine *unglaubliche Färbung* verliehen. Im tödlichen Braun und Schwarz war die Möglichkeit zu Neuem durch Transformation schon angelegt.

Bei Pierre Theunissen hatte die Vernichtung der Natur neue naturwissenschaftlich-philosophische und theologische Betrachtungen angestoßen. Der Künstler setzte sich mit den Theorien des Urknalls auseinander und hinterfragte wieder und wieder die Rolle des Menschen und des Künstlers innerhalb der Schöpfung. Wahrhaftigkeit im künstlerischen Prozess spielte für ihn dabei eine zentrale Rolle. Ihr fühlte er sich verpflichtet. *Wenn bei mir eine Schaffung daneben geht, bin ich der Schuldige, und nicht meine fehlgeschlagene Arbeit.* Theunissen übernahm Verantwortung für sein Kunstwerk. Angesichts der Vernichtung der Umwelt beschloss der Künstler, nicht länger natürliches Material der künstlerischen Idee seines Werkes zu opfern, im schlimmsten Fall zu verschwenden.

Theunissen sammelte ein, was durch ›äußere Einwirkungen‹ zu Schrott geworden war. Lastwagenweise fuhr er seine metallenen Fundstücke aus den Wäldern und machte diese Trouvaillen zu seinem künftigen Werkstoff. Aus den verrotteten, verbrannten, zerstörten Fragmenten würde er wieder etwas Neues schaffen. Unter dem Serientitel »Äußere Einwirkungen« entstanden Eisen- und Eisenblecharbeiten. Antrieb zu neuem Beginnen. Der verbrannten Materie ließ Theunissen allmählich wieder Farben entsteigen, indem er die geläuterten Bleche übermalte, expressionistische Triptychen schuf. »Die Farbe kommt auf die Erde« (La couleur arrive sur terrre) nannte Theunissen eine »chronologische Reihe von fünf gleichgroßen und gleichgeformten Blechen, die den Schöpfungsakt von Farben und Formen palingenesiert«.

Parallel zu diesen Blechbildern experimentierte er mit einfarbiger Tusche und arbeitete an mehrfarbigen Ölbildern auf Hochglanzpapier: Mit dem Pinsel trug der Künstler Farbe auf eine Eisengussform, die er dann über das Papier zog und eine Serie schuf, die »Ohne Titel« blieb. Die Bilder lassen an Abbildungen von Industriestücken denken. Sie sind Fragmente, bloße Überbleibsel von Maschinenteilen, erinnern an ausgemusterte Roboterelemente. Scheinbar funktionslos in weißen Raum gesetzt, der die Gebilde von allen Seiten umgibt. So bleiben sie ohne Einbindung in ein künstlerisches Ganzes und erwecken eine Hilflosigkeit der Materie, die dem Nichts entsteigt und im Nichts endet. Sie sind skulpturale Abbildungen, die durch Bewegung in starrer Unbewegtheit faszinieren, Räumlichkeit in der Zweidimensionalität erzeugen. Ästhetische Entwürfe einer Unvollkommenheit im Vollkommenen.

In den Achtzigerjahren schienen Material und Formgestalt für Theunissen an Bedeutung zu verlieren angesichts der sinnbildlichen Realität des Geschaffenen. Der Künstler thematisierte in plastischen Assemblagen immer wieder Zerstörung und Verletzbarkeit von Natur und Mensch. Seinem Material setzte er aggressiv zu, schien 1985 mit »Kernspaltung« (Fission nucléaire) das Reaktorunglück von Tschernobyl vorwegzunehmen: Ein Stemmeisen spaltet einen mit Blei nur mangelhaft geschützten Holzklotz, treibt ihn auseinander, zerreißt ihn.

Nach der Nuklearkatastrophe schuf Theunissen 1986 »Tor zur Hölle« (Porte de l'enfer), »Raubritter« (Le croisé), »Verbrennungsofen« (le four crématoire). Die Unterlegenheit des Menschen manifestierte sich in Anbetracht der Katastrophen, »Ungleiche Kräfte« (Forces inégales), 1988. Liebe und Mitgefühl blieben angesichts kriegerischer Auseinandersetzungen und Zerstörung auf der Strecke: »Durchgebrannte Liebe« (Amour consumé), 1986. Die Welt nur noch ein Abbild dieses sittlich-kulturellen Schrotthaufens? Theunissens »Blick auf die Welt« (Mon regard sur le monde), 1986, ist der Blick auf einen weißen Hintern aus Beton, der sich aus einem Eisengittergeflecht in die Welt zwängt.

Des Künstlers Furor erreichte immer neue skulpturaldramatische Höhepunkte: »Mahlwerk« (Broyeur), 1986, wenn er eine enorme verrostete Eisenkugel zwar vor dem Einschmelzen bewahrte, doch sie mit gewaltigen Hammerschlägen zerteilte und einen Urknall initiierte, der neue Werke in die Welt setzte: »Der glückliche Idiot« (L'imbécile heureux), 1985–1991, »Katzenbrunnen« (La fontaine du chat), 1987, oder »Verfall des Christentums« (Déchéance Chrétienne), 1985–1994, eine Skulptur aus Eisen, Beton und Holz. Ein großer Holzklotz trägt die Reste der zerborstenen Glocke aus Eisen, vor der ein Kissen aus Beton ruht. Zwei Eisenkreuze stehen nicht mehr aufrecht, sie sind gefallen, gekippt und suchen Halt. Das eine hat sein Haupt schon müde auf das Betonkissen gebettet, das andere versucht noch die Eisenhülle zu stützen.

Theunissen hatte damit ein Thema aufgegriffen, das ihn seit seiner Kindheit nicht mehr losgelassen hatte: verlorengegangener Glaube an ein aufrechtes Christentum, enttäuschende Erfahrungen mit Kirche und Religion, Missbrauch christlicher Lehre.

Die Collage »Hommage à Joseph Beuys« von 1985 war eine Reminiszenz an den alten Freund aus der niederrheinischen Heimat und nahm Bezug auf Beuys' Beitrag »Die Straßenbahnhaltestelle – a monument for the future« für den Deutschen Pavillon auf der Biennale 1976. Kindheitserinnerungen an die ›Cupido‹ genannte Friedenssäule in Kleve, ehemals ein Trophäenmonument aus Beutewaffen, Munitionstöpfen und Kanonenkugeln an einer Straßenbahnhaltestelle, hatten Beuys dazu inspiriert, am Ausstellungsort einen Abguss dieses Denkmals nebst Straßenbahnschienen zu installieren. Mit den vier Spitzhacken verwies Pierre Theunissen in seiner plastischen Collage aus Holz- und Eisen-Trouvaillen und Beton darauf, dass Beuys damals den Boden des Pavillons bis zum Grundwasser aufhacken ließ.

Theunissen machte »Äußere Einwirkungen« zu seinem Programm. Aus den unterschiedlichsten alten Materialien schuf er wieder Neues, wie in der Serie »Einwirkung auf einen zentralen Punkt« (Influence sur un point central). Den Collagen gestand der Künstler farbliche Akzentuierung nur allmählich und nur zaghaft zu. Anfangs verwiesen weiße trapezförmige Keile auf die Zerstörung von außen und kündeten von einer entfesselten Welt, die der Künstler mit eisernen Bändern zu zähmen versuchte.

Theunissen schuf Kompositionen, Reliefs, Assemblagen und fand mit seinen Zedernholzcollagen allmählich wieder zurück zur Natur und zum Holz. »6 runde Metallelemente« (6 éléments ronds métaux) waren Sinnbild und Mahnung zugleich: Ein Weiterleben war nur im behutsamen Umgang miteinander denkbar. Stück für Stück formierten sich Elemente zum neuen Ganzen und Kompositionen und Assemblagen legten allmählich den düsteren Charakter des Untergangs ab. Dem Menschen wurde zugestanden, seinen Platz in der Natur zu finden. Natur und Mensch konnten sich reorganisieren.

Theunissen wandelte das Material ästhetisch um, bis es seiner neuen künstlerischen Idee diente oder sich die künstlerische Idee für ein »objet trouvé« geformt hatte, wie in »Touareg«: ein Apothekerschrank, den der Feuersturm zum Nomaden gemacht hatte, zum Heimatlosen, dem Theunissen in seiner Kunst Zuflucht und Zukunft bot.

Theunissens Werke suchten dennoch keine Anlehnung an die »Readymades« und die »objets trouvés« der modernen Kunst. Auch Beuys' ›erweiterter Kunstbegriff‹ – dass jeder Mensch ein Künstler sei – blieb Theunissen fremd. Genauso fremd wie die kalkulierte Provokation oder die choreografierte Performance der beuysschen Fluxus-Aktionen, wie Installationen, Aktionskunst oder Happenings, mit denen Beuys den Ewigkeitsanspruch traditioneller Bildwerke ad absurdum führen wollte. Aber Denk-Räume schuf auch Theunissens Œuvre. Seiner Kunst schrieb er eine Doppelfunktion zu: Sie verwies auf die Vergänglichkeit des menschlichen Lebens und manifestierte das Überdauern der Schöpfung. Mit erkenntnistheoretischen Überlegungen lenkte Theunissen den Blick immer wieder auf die Flüchtigkeit allen Seins, der der Künstler mit schöpferischem Geist begegnete. Vor dem Leiden an dem Verfall sittlich-kultureller Werte durch Krieg und Zerstörung bewahrte er ihn nicht. Umso essenzieller war für Theunissen *die Kreativität, um noch geistig aufrecht bis an das unumgängliche und zugleich befreiende Ende zu kommen.* Wieder und wieder setzte er physischen und psychischen Entmutigungen unermüdliche exzessive Schaffensprozesse entgegen und hielt an seinem Credo fest: *Ich suche nicht, ich finde nicht, es ist in mir und verlangt seine Rechte.*

Aber physische und psychische Entmutigungen forderten ihren Tribut.

Mon corps blessé
Mon dos coincé
Mon intérieur caché
Mon coeur percé
Mon sang brûlé
Mes tripes tranchées
Mes nerfs électrifiés
Mes muscles bloqués
Mes os cassés
Oh humanité, tu es ta propre mort pour ton ignorance et ta cruauté[6]

Eine tiefe Krise hatte sich im März 1982 angedeutet, als Pierre Theunissen nach wiederholten Ablehnungen seiner Bewerbungen um Ausstellungsplätze und gescheiterten Verhandlungen mit Galerien seinem Tagebuch seinen letzten Willen anvertraute: *Nach dem Tod von mir und Jeanine vermache ich und Jeanine alle bleibenden Sculpturen, Reliefs*

6 mein Körper verwundet / mein Rücken gestaucht / mein Inneres verborgen / mein Herz durchbohrt / mein Blut verbrannt / meine Eingeweide zerstückelt / meine Nerven unter Strom / meine Muskulatur blockiert / meine Knochen zerbrochen / O Menschheit, du bist dein eigener Tod – denn du bist ignorant und grausam

und Zeichnungen an Museen die sie wollen, aber unter der Bedingung, daß ständig wenigstens drei Arbeiten für die Öffentlichkeit ausgestellt sind. Für nicht gewollte Arbeiten gebe ich den Befehl, sie zu vernichten durch Feuer oder Zerschlagen. Sollten die Museen nichts von meinen Arbeiten wollen, gebe ich noch den Befehl, alle Sculpturen, Reliefs, Zeichnungen und sonstige Arbeiten zu vernichten.

Einmal noch modifizierte er das Testament. Hoffte. *Vielleicht wird die Zukunft es besorgen?* Im März 1992 revidierte dicker roter Filzstift das zehn Jahre vorher Geschriebene, tilgte endgültig jede Hoffnung: *Nach meinem Tod muß alles, meine Sculpturen und Malereien wie Zeichnungen, alles vernichtet werden.*

Das Leben wollte es anders.

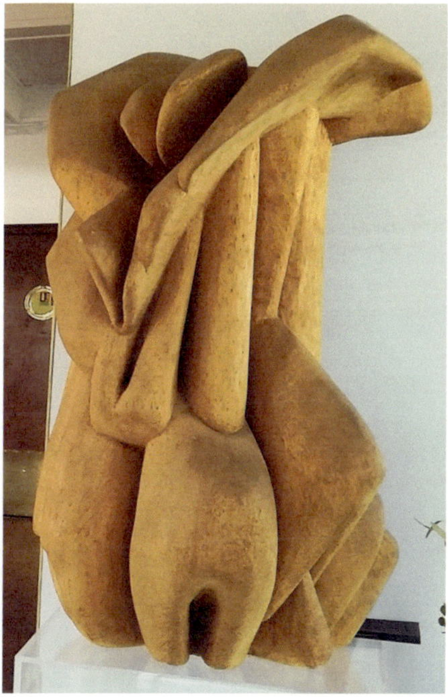

Pierre Theunissens Kunst im öffentlichen Raum:
Hôtel Ermitage de l'Oasis – Cannes Mandelieu

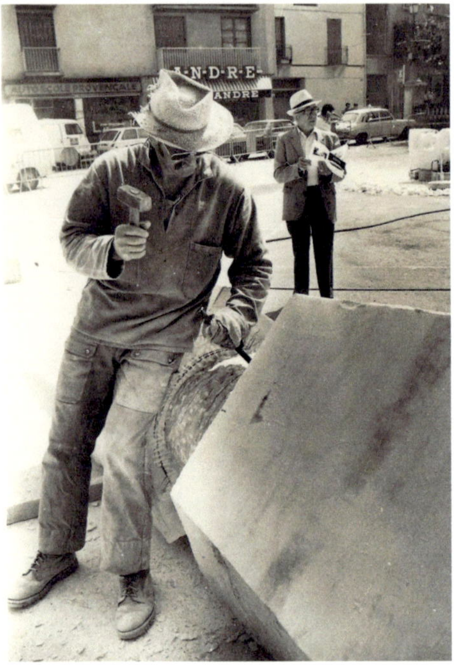

Bildhauer aus aller Welt in Digne beim »IIe symposium international de sculpture« – Pierre Theunissen bei der Arbeit am Monumental-Marmorblock 1985

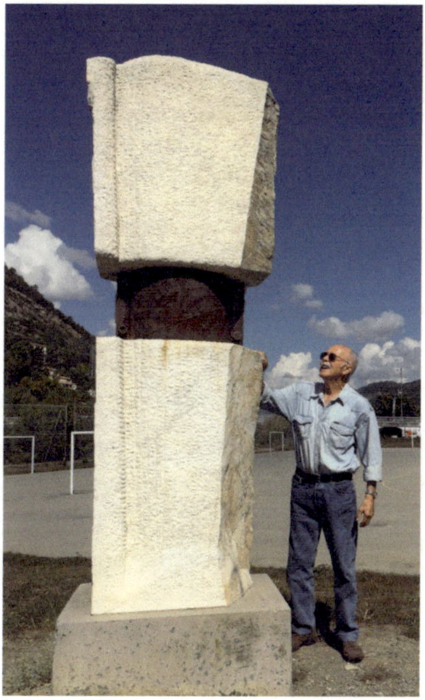

Pierre Theunissen besucht 2016 seine Marmorskulptur in Digne

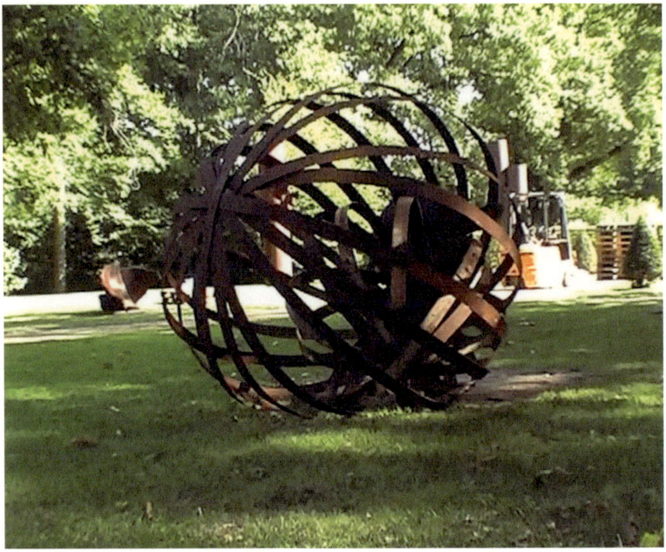

Neue Werkstoffe, neue Werkformen, neue Kreativität:
Ordnung und Unordnung. Transformationen, Faltungen.
Kunst gegen Zerstörung und Verletzbarkeit der Natur.

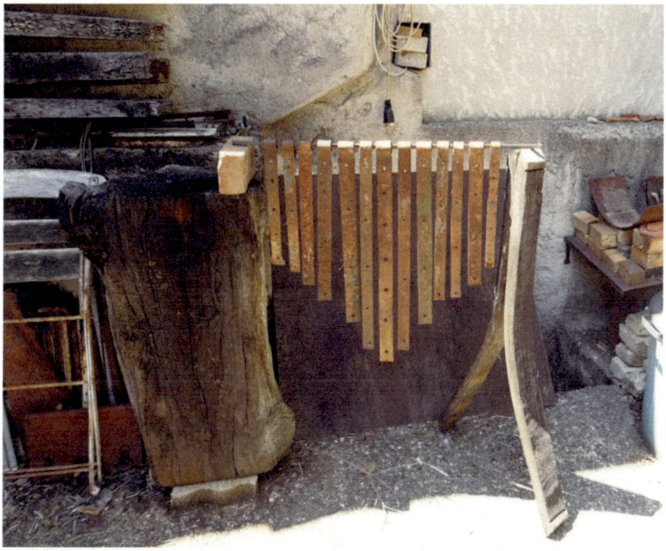

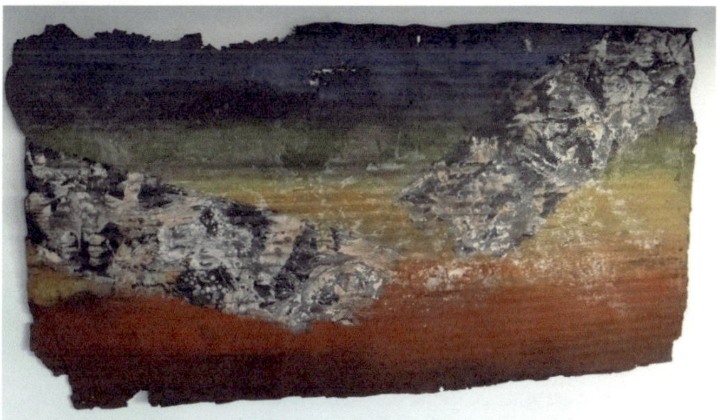

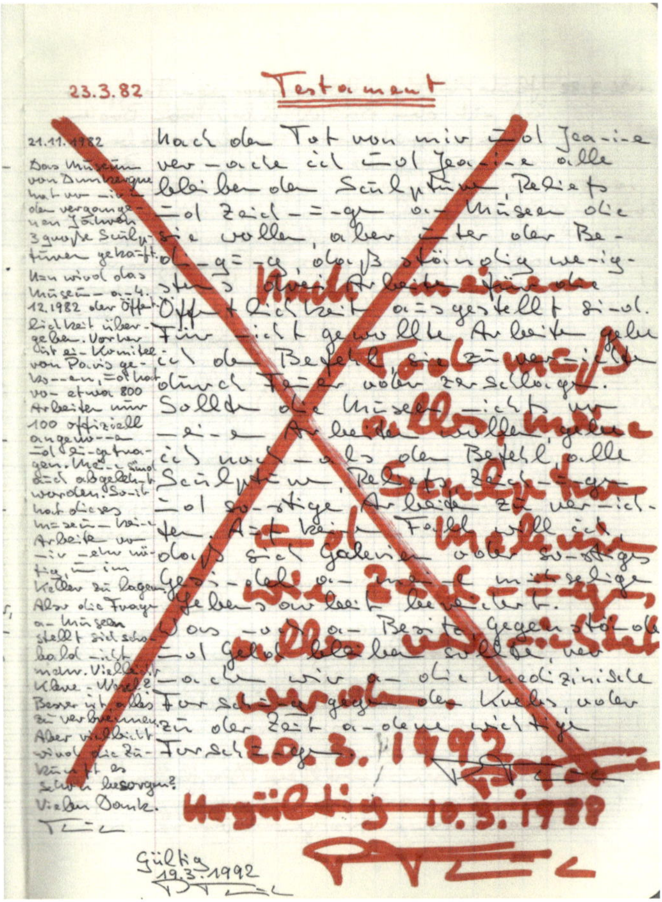

Nach Krisen und Scheitern – das Testament. Der letzte Wille zur Zerstörung seiner Kunst musste nicht ausgeführt werden.

Kapitel 6
Neue Wege

Vielleicht sehe ich jetzt bald ein kleines Licht?

1999–2014

Das Leben wollte dem Licht entgegen. Dem Licht entgegen strebten auch Pierre Theunissens Skulpturen. Monumental, kraftvoll. Natursymbiotisch streckten sie sich in den freien Raum. Zum Aufstellen in der freien Natur geschaffen, waren sie der Enge des Materials, das sie eingeschlossen hatte, entkommen. Sie waren licht und durchlässiger geworden. An ihren Standorten fingen sie kosmisches Geschehen ein, spielten mit Himmel und Erde, mit Licht und Schatten, mit hellem oder dunklem Hintergrund, mit der Durchlässigkeit des Blicks in die Ferne, in die Weite oder auf die sie umgebende Natur. Sie verlangten wechselnde perspektivische Annäherungen.

Pierre Theunissen hatte seine Werke nicht nach kunstgeschichtlichen Traditionen konzipiert, hatte sich sein Künstlerleben lang nie einem überlieferten ›autorisierten‹ Materialkanon unterworfen, um seinen Schöpfungen Ausdrucksform zu verleihen. Ab 1985 bediente er sich Werkstoffe, die gesellschaftlich und im herkömmlichen Kunstsinn als ›Abfall‹ oder ›Schrott‹ galten. Er griff auf ›Zufallsfunde‹ zurück, die durch äußere Einwirkungen zu dem geworden waren, was des Künstlers Phantasie erregte. Und so traf man im Atelier auch schon mal auf eine mumifizierte Katze. Aber Eisen und Stahl, Holz und Beton waren das bevorzugte Material, dem er besonders in den Jahren vor und nach der Jahrtausendwende vielfältigen, wegweisenden Raum gab.

Theunissen verlangte von seinem Material weiterhin Widerstand. Werkstoffe bersten zu lassen, aufzusprengen, zu knicken, zu verbiegen, zu zerbrechen, schien immer mehr an Bedeutung zu gewinnen. ›Brüche‹ und ›Knicke‹ wurden in dieser Phase seiner künstlerischen Auseinandersetzung mit dem Leben zu einem thematischen Leitmotiv.

Körperliches Leiden gesteht man der Holz-Eisen-Skulptur »Doppelt geknickt« (Double Coudure), 1999, zu. Eine ›Wirbelsäule‹ ist an zwei Stellen geknickt. ›Bandscheiben‹ aus Holz sind herausgesprungen und halten das Rückgrat gerade noch zusammen.

Die Betonsäule »Wegweiser« (Colonne itinéraire), 1997, hatte Theunissen im oberen Drittel durchtrennt, die beiden Teile durch ein Eisengeflecht verbunden, dessen Stäbe in alle Himmelsrichtungen zeigen: Transversale, gradlinige Koordinaten, die ohne Umwege auf kreative Möglichkeiten zustrebten.

Die veränderte Formensprache verlangte dem Betrachter neues Verstehen ab und eine Sichtweise, die den real existierenden Raum öffnete, um Visionen Platz zu geben. Ein Prozess, der auf die Symbiose von Kunst und Leben, Kunst und Natur hinwies und den Betrachter herausforderte, ihn imaginär weiterzudenken und in geistigen, reflexiven Austausch mit Objekt und Künstler zu treten.

Immer wieder holte Pierre Theunissen durch Schnitte und Brüche Licht in seine Skulpturen. Die Eisenskulptur

»Leuchtturm« (Le phare), 1999, ist an zwei Stellen eingeschnitten. Wieder halten Holzscheiben sie aufrecht, scheinen Halt zu geben. Zwei lange symmetrische Öffnungen im oberen Teil des Zylinders lassen Licht einfallen, um dem Suchenden Orientierung zu geben.

Fast 50 Jahre habe ich mich gesucht. Vielleicht sehe ich jetzt bald ein kleines Licht?

»Wenn die Sonne dem Mond begegnet« (Quand le soleil rencontre la lune), 2003, ermöglichte den »Blick in ein anderes Universum« (Regard dans un autre univers), 2006. »Fenster« (Fenêtre), 2001, – wenn auch rostig verkrustet – und Türchen, »Adventskalender« (Calendrier de l'Avent), 2003, öffneten sich dem Licht und ließen einen Blick auf die Welt zu. Im Erhellen des Verborgenen lag die Ankündigung des Kommenden. Michel Butor widmete Theunissen eine Parabel, in der er dem Bildhauer die Rolle des »serrurier de l'espace« (Schlosser des Raums) zusprach: »Un jour le descendant de ce libérateur, apprivoisant la foudre et le séisme, réussira à donner un coup de poing sur le mur sylvestre pour y faire pénétrer nourriture et lumière.«[7]

Pierre Theunissen machte das Material zum Botschafter, zum Vermittler seiner Sicht auf das Leben. Seine Werke lassen die intime Beziehung zwischen *Œuvre*, Künstler und Materie deutlich werden. *Die Künste sind Religionen einzelner Personen. Sie lassen in der Verzweiflung ein Licht der Hoffnung aufkommen um wieder in die Verzweiflung, Einsamkeit und Hoffnungslosigkeit zurückzufallen. Dieses*

7 Eines Tages wird es dem Nachkommen dieses Befreiers, der Blitz und Erdbeben zähmt, gelingen, die Wand des Waldes mit einem Faustschlag zu zerschmettern, um Nahrung und Licht Einlass zu gewähren.

auf und ab ist eine fruchtbare treibende Lebenskraft, die so manchen zum Selbstmord getrieben hat, aber der einzige Motor der Kreativität ist.

Überprüfen, Verzweifeln, Durchhalten. Das Auf und Ab, Selbstzweifel und das Hinterfragen seiner Kunst waren permanenter Antrieb für Theunissens Kreativität, waren *ein Überbrückungsmittel der unbeantwortbaren Fragen*. Solange in ihm die Kraft und der Willen zur schöpferischen Arbeit pulsierten, blieb der Künstler in Bewegung. Psychisch und physisch. In Momenten äußerster Stille wurde das innere Brodeln so hörbar, dass ihm in intensiven Schaffensphasen selbst den Schlaf raubte. Pierre Theunissen – der Neuordner, der das Vollkommene suchte, das es nicht gab. Mittelmäßigkeit aber war ihm ein Gräuel und deshalb *dieses immer wieder neu Beginnende, ohne sich auf eine Wahrheit oder Wirklichkeit stützen zu können*. Wenn ihn diese *täglichen, wenn nicht stündlichen, Angoisses* nach der Frage der Wahrhaftigkeit überfielen, dann lastete diese *göttliche Position* schwer, dann war *diese gottnahe Position fast untragbar*.

Visionen drohten Theunissen zuweilen an seiner Verantwortung zerbrechen zu lassen. Besonders dann, wenn er weltliches Chaos künstlerisch bändigte, weil er überzeugt war, dass sich der Mensch einzig durch Kreativität positiv in ein Erstarken der Welt einbringen konnte. Nur das Schöpferische befähigte, die »Ordnung und Unordnung« (Ordre et Désordre) dieser Welt in andere Bahnen zu lenken.

Theunissens Werk umkreist das Leben, den »Circle of life«. Deshalb kombinierte er Materialien immer wieder neu, tauschte sie vielfach aus und komponierte damit neue Klänge.

Rostiges Eisen symbolisierte Ausdruck der Vergänglichkeit und Mutation. Das schon im Zerfall begriffene Metall erweckte Theunissen zu neuem Leben. So zeigen diese Werke die Flüchtigkeit, die Zerbrechlichkeit der Ressourcen auf. Polierten Stahl oder Bronze lehnte er als Werkstoff eitler Unvergänglichkeit ab, auch wenn Brâncuși ihn fasziniert hatte. Kreative Sensibilität schien Theunissen unerlässlich, *um noch geistig aufrecht bis an das unumgängliche und zugleich befreiende Ende zu kommen.* Allzu oft haderte der Bildhauer mit *Lebensform, Politik, Korruption, Religionen, Sekten, Faschismus, Rassenkampf und Mafia auf der ganzen Welt.* Zornesausbrüche entluden sich in seinem Tagebuch. Denn Wut oder Müll in der Kunst ›abzuladen‹, gestattete er sich nicht, das widersprach seinen selbstgesetzten ethischen Maßstäben.

Grund, um Zorn, ja Wut zu entwickeln, fand Theunissen im Übermaß in der Kunstwelt. Doch nicht seine vergeblichen Vorstöße und Eingaben bei Galerien und Wettbewerben erregten ihn, sondern die Hypokrisie, die Unaufrichtigkeit der Absagen. Fadenscheinige Ausflüchte waren ihm nichts als ›Beruhigungspillen‹, die seine Künstlerseele lähmten. Wenn Galeristen seinen Katalog durchblätterten und gelangweilt fragten: »Was kosten ihre Dinger?«, dann brach seine Empörung offen zutage. Dann packte er auch schon mal sämtliche Exponate wieder ein, transportierte ungeachtet aller Mühen selbst die monumentalen Skulpturen ab und zog sich zurück. Dann wollte *wirklich nichts mehr mit dem sogenannten ›Kunstleben‹ zu tun haben.* Unbeirrbar hielt er an seinem Credo fest:

Wenn die Leute meine Arbeit lieben, finden sie auch den Weg nach hier. Ich will keine Massen überzeugen, und noch weniger ein falscher Prophet sein und werden. Versuche, zwischen Bildhauer und Bauer, Notizenschreiber und Baumensch meinen Ausgleich zu finden.

Pierre Theunissen spielte mehrfach mit dem Gedanken, sich ganz der Öffentlichkeit zu entziehen. *Am Besten wäre, wenn die Leute erst nach meinem Tod meine Arbeiten zu sehen bekämen. Ich hätte meine Ruhe zur Arbeit, und müßte mir nicht all den Blödsinn anhören, und wie viel besser sieht man sich eine Arbeit von einem Toten an?*

Ich glaube, daß die Zeit nicht sehr weit entfernt ist, in der ich nicht mehr meine Arbeit zeige.

Zumindest nicht in Frankreich. Die Bande zur deutschen Heimat hatte er nie gekappt und in den späten Neunzigerjahren erhielten sie sogar neue Spannung.

Theunissen hatte sich jahrzehntelang im heimatlichen »Kalender für das Klever Land« mit autobiografischen Geschichten in Mundart und feinen Zeichnungen in Erinnerung gehalten. Im Gegensatz zu seiner neuen Heimat Provence waren am Niederrhein schon früh Kunstsammler auf ihn aufmerksam geworden, hatten regelmäßig Werke gekauft, ihn weiterempfohlen und Anstöße zu Ausstellungen gegeben: Gütersloh, Hamminkeln, Krefeld, Wesel und endlich auch 1989 das renommierte Museum Haus Koekkoek in der Heimatstadt Kleve. In dem vom Krieg verschont gebliebenen Haus des niederländischen Landschaftsmaler Barend Cornelis Koekkoek hatten die Brüder van der Grinten 1961 Joseph Beuys' erste gewichtige Ausstellung organisiert.

Von Ort zu Ort, von Jahr zu Jahr wurden Theunissens Ausstellungen umfangreicher und bedeutender: Dinslaken, Brühl, Bedburg-Hau. Aber immer noch fokussierte die lokale Presse mehr den »Mann vom Niederrhein« als dessen künstlerisches Werk.

Das sollte sich ändern. Zum Ende des Jahrtausends kündigte der Kunstsammler und Kunsthistoriker Franz Joseph van der Grinten seinen Besuch in der Provence an. Van der Grinten, der alte Bekannte, der den halbwüchsigen Peter Theunihsen schon in seiner selbstgebauten Atelier-Hundehütte besucht und ernst genommen hatte, der den Neunzehnjährigen als einer der ersten ermutigt hatte, Bildhauer zu werden. Mittlerweile gehörten die Brüder van der Grinten zum Gremium der 1990 gegründeten Stiftung »Museum Schloss Moyland« in Bedburg-Hau. Auf diesem Schloss hatte der Preußenkönig Friedrich II 1740 zum ersten Mal Voltaire empfangen. Das Land Nordrhein-Westfalen sicherte die finanzielle Basis für den Wiederaufbau und Erhalt des Anwesens, das die Familie von Steengracht stiftete. Die Brüder van der Grinten steuerten ihre einzigartige Sammlung von rund sechstausend frühen Joseph-Beuys-Arbeiten bei.

Franz Joseph van der Grintens Atelierbesuch in Les Veyans endete mit seinem Versprechen, Pierre Theunissens Werke mit einer umfassenden Retrospektive auf Schloss Moyland zu würdigen. Außerdem kaufte er die Monumentalplastik »Schwalbenschwanz« (Queue d'aronde). Die 1993 gefertigte Holzskulptur begrüßt seit 1999 die Besucher von Schloss Moyland schon weit vor dem Park. Sie ist mehr als eine Wegmarke für den Skulpturenpark. »Schwalbenschwanz« ist ein Bekenntnis. Ein Meisterstück in vielerlei Hinsicht.

In jeder klassischen Tischlerausbildung steht die Schwalbenschwanzverzahnung für hochwertigen Möbelbau. Sie fügt dauerhaft zusammen, was verbunden bleiben soll. Schreinerhandwerk und Kunst finden in harmonischer Sprache zusammen. Dieses Zusammenspiel löste Pierre Theunissen im »Schwalbenschwanz« auf. Die Zinken verbanden nicht länger Tischlerherkunft und Künstlerheimat. Theunissen hatte eine Begegnung auf Augenhöhe geschaffen, und die freien Räume in der Skulptur ermöglichten neue Perspektiven: Vergangenheit verknüpfte sich mit Gegenwart, Niederrhein mit Provence. Mit einer Hommage an den Schreiner Peter Theunihsen war der Künstler Pierre Theunissen zu seinen Wurzeln zurückgekehrt.

Theunissens Monumentalplastik »Explosion« fand 2001 in Moyland ihren Platz, und Hans van der Grinten, der mit Lob eher geizte, *sagte, die Skulptur sei gut.* Theunissen hatte mit quergesetzten Schnitten den drei Meter achtzig hohen Eisenzylinder in seiner oberen Hälfte aufgebrochen und die geborstenen Segmente aufgebogen. Innere Kräfte hatten sich explosionsartig Licht und Luft verschafft und waren dem Zwang des Eingeschlossenseins entkommen. Die Skulptur begann zu atmen, hatte sich Raum im Raum erobert. Licht spielte mit dem Innen- und Außenleben der Plastik. Fünfzehn Jahre später wirkten neue Kräfte. Die Natur hatte sich der Skulptur bemächtigt. Dem eisernen Zylinder entwächst nun ein Baum, dessen Äste sich durch die Öffnungen nach außen drängen. Ein Akt der Befreiung in einer zweiten Explosion.

Die Schenkung verstand Pierre Theunissen als »Hommage an den Genius Loci«, seinen Wegbegleiter und Freund Joseph Beuys.

Im Skulpturenpark von Schloss Moyland trafen unvermutet alte, konkurrierende Arbeitskollegen in ihren

Werken aufeinander: Eduardo Chillida und Pierre Theunissen hatten in der Fondation Maeght in St. Paul de Vence Seite an Seite gearbeitet. Im Park von Schloss Moyland stehen Chillidas »Elkartu« und Theunissens »Explosion« vis à vis und begegnen sich in einem neuen Spannungsfeld.

Bürokratisches Kompetenzgerangel innerhalb der Stiftung hatte das Ausstellungs-Projekt mit Theunissens Werken fünf Jahre lang verzögert, bis es 2007 endlich mit dem neuen kommissarischen künstlerischen Direktor Ron Manheim realisiert wurde. Von Februar bis Mai 2007 würdigte Museum Schloss Moyland den gebürtigen Klever mit der Retrospektive »50 Jahre Pierre Theunissen«. Außenbereich und Grafikkabinett dokumentierten die Vielfalt seiner Kunst.

Der Ausstellung im Museum Schloss Moyland waren enorme Vorbereitungen vorausgegangen. Zwei Jahre zuvor schon hatten Ron Manheim und sein Team in Les Veyans Theunissens Skulpturen studiert, um die Symbiose zwischen Künstler, Werk und Natur auf sich wirken zu lassen. Sie hatten ihre Auswahl vor Ort getroffen und waren vom Farbenspiel beeindruckt: Das matte Rostbraun der großen Eisenskulpturen nahm den Erdton der Terrassen auf, auf denen die Olivenhaine angelegt waren. Silbergrau und Erdbraun in Harmonie mit dem Grün und Blau der Provence. Nichts Blankpoliertes störte den Zusammenklang. Selbst die Blätter der Olivenbäume zeigten Zurückhaltung und nur mattes Silber, wenn der Mistral sie erzittern ließ. Die zu Spiralen geformten Fassdauben eiferten mit den knorrig-gedrechselten Stämmen der uralten Ölbäume um die Wette.

Ron Manheim kehrte mit Plänen und Fotos der Skulpturen nach Moyland zurück. Die Objekte wollte er auch in der niederrheinischen Ausstellungsumgebung zur Wirkung kommen lassen.

Im Spätsommer 2006 kroch ein enormer Lastwagen mit Aufleger vorsichtig den schmalen Weg zu Pierre Theunissens Atelierhaus in Les Veyans hoch. Beim Verladen der Skulpturen war Millimeterarbeit gefordert, die Pierre Theunissen in Frankreich und später auch in Deutschland persönlich überwachte. Im Museum Moyland wurden die schweren Plastiken Zentimeter um Zentimeter zum perfekten Standort gerückt. Ron Manheim hatte nichts dem Zufall überlassen: Lichteinfall, Ausrichtung und Wahl der Aufstellungsorte für die Skulpturen waren zu Theunissens höchster Zufriedenheit gewählt. Jede Perspektive sollte den Betrachter in seinen Bann ziehen, ihn auf die Vielfältigkeit der Annäherung aufmerksam machen.

Kontrast- und spannungsreich präsentierten sich im Innern des Museums Theunissens Zeichnungen, Grafiken und Metallbilder Raum an Raum mit Joseph Beuys' Werken.

»Der Künstler geht auf dünnem Eis.
Erschafft er Kunst? Baut er nur Scheiß?
Der Künstler läuft auf dunkler Bahn.
Trägt sie zum Ruhm? Führt sie zum Wahn?
Der Künstler stürzt in freiem Fall.
Als Stein ins Nichts? Als Stern ins All?«

Pierre Theunissens langjähriger Klever Freund Thomas Maier eröffnete die Ausstellung mit einem launigen Gedicht von Robert Gernhardt, das dem Bildhauer aus dem Herzen sprechen musste. Nur Ehrlichkeit und Aufrichtigkeit beim künstlerischen Akt der Schöpfung würde ein Werk überdauern lassen. *Der Schaffende hat sich ganz frei zu machen von jeder gezielten Idee auf Erfolg. Der Schaffende muss wirklich ein ganzer Mensch sein. […] denn die Zeit tötet alle nicht ehrlichen Werke.*

Vom überdauernden Leuchten der theunissenschen Sterne war Michel Butor längst überzeugt. In einer eigens für Theunissen verfassten Parabel im Ausstellungskatalog zollte der Schriftsteller – der auch zur Ausstellungseröffnung angereist war – dem Freund Respekt: »Un jour le descendant du plus habile de ces artisans mettra au point les clefs pour forcer les coffres-forts de la sottise et de l'avidité, sonnera le glas d'un temps de misères pour mettre en branle le carillon des nouveaux astres.«[8]

Der Klang der Gestirne war auch im Nachbarort Kranenburg vernommen worden, dort, wo sich der junge Peter Theunihsen 1953 bei der sogenannten »Stallausstellung« zum ersten Mal mit den Werken von Joseph Beuys auseinandergesetzt hatte. Nun machte das Museum Katharinenhof in Kranenburg von April bis September 2012 auf den Seriencharakter der grafischen Werke Theunissens aufmerksam und stellte die Entwicklungsphasen des Künstlers mit einer repräsentativen Skulpturenauswahl dar.

Auch hier war der Bildhauer nicht mit leeren Händen gekommen, sondern hatte schon im Jahr zuvor dem »Museum für Heimatschutz Kranenburg« seine Palmen-

8 Eines Tages wird der geschickteste Nachkomme dieser Handwerker die Schlüssel fertigstellen, um die Tresore voll von Dummheit und Gier aufzubrechen und einer Zeit der Not die Totenglocke zu läuten, um das Glockenspiel neuer Gestirne zum Klingen zu bringen.

holz-Stele »Säule« (Colonne) geschenkt, mit der Verpflichtung, die verlassenen Wespennester an der Skulptur nicht zu beseitigen.

Die nahegelegene Wasserburg Rindern beschenkte Pierre Theunissen mit der Plastik »Leuchtturm« (Phare). Theunissens Vorschlag, ihm und seiner Frau dafür bei eventuellen Heimatbesuchen im katholischen Bildungszentrum freie Kost und Logis zu gewähren, wurde zu seinem Bedauern nicht aufgegriffen.

Erfüllten die Ausstellungen in heimischen Gefilden auch Theunissens *Jugendtraum*, so verblassten sie dennoch angesichts der *grössten Ehrung*, die ihm 2008 die Stadt Cannes zuteilwerden ließ: sie richtete die erste umfassende Werkschau des Künstlers in Frankreich aus, die große Retrospektive im Centre d'Art La Malmaison. »La Malmaison«, der einzig erhaltene Teil des einstigen Grand Hotel, beherbergte Kunst seit 1945 und war Ausstellungsort u.a. für Werke von Matisse, Picasso, Miró, Arman, César.

Es herrschte Kaiserwetter mitten im Dezember, als Pierre Theunissen seine Werkschau im Beisein von Freunden eröffnete. Auch Franz van der Grinten hatte es sich nicht nehmen lassen, mit großer Delegation anzureisen, um dem »sculpteur de l'âme et de chair«, dem Bildhauer, der seinem Metier mit Leib und Seele verfallen war, Respekt zu zollen.

Direktor Frédéric Ballester hatte in seiner Einleitung im begleitenden Ausstellungskatalog das Wesen der theunissenschen Skulpturen mit den Worten des Kunsthistorikers Pierre Francastel nicht treffender beschreiben können: »La sculpture […] c'est la traduction d'une émotion intime.«[9]

9 Eine Skulptur […] ist die Umsetzung eines tiefen Gefühls.

Auch der Titel des Ausstellungskatalogs spielte mit dem Wesen der Exponate: »La sculpture n'est qu'un jeu, la lumière s'en amuse!«[10] Zu sehen waren Skulpturen, die vom Material und vom Licht lebten. Dem Betrachter von Theunissens Kunstwerken sollte sich das Spiel von Licht und Schatten, von Hell und Dunkel offenbaren. Hell-Dunkel gibt Struktur, verleiht Kontur und gibt einem Körper Raum und Form. Ballester hob hervor, dass ohne Wissen um Theunissens Herkunft, Werdegang und Entwicklung sich die Vielschichtigkeit im Werk dieses Künstlers kaum erschließen würde. Er widmete sich deshalb ausführlich der Biografie des Mannes vom Niederrhein und betrachtete Theunissens Werke als grafische Chronik seines Künstlerlebens. Technik, Handwerk und plastische Kunst verschmolzen zum Gesamtkunstwerk. Weil Theunissen sein Handwerk meisterlich beherrschte, konnte er schnörkellos üppiges Lebensgefühl, Licht, Zeichen und Formen bündeln. Dass Theunissens Palmenholzskulpturen etwas Außergewöhnliches, ja Einmaliges waren, brauchte nicht betont zu werden. Wohl aber, dass der Künstler nie im Windschatten einer Mode gesegelt war, sondern von Anfang an seinen eigenen Kurs gewählt hatte. Ballester war beeindruckt, wie all diese skulpturalen Abenteuer aus mehr als fünfzig Jahren die Grenze des Unmöglichen erreicht und Theunissens Werke zu einem Beispiel individueller Schönheit gemacht hatten.

Die Gegenwart ist, und ist schon wieder Vergangenheit, trug Pierre Theunissen im September 2005 in sein Tagebuch ein, das er seit den Neunzigerjahren zunehmend ver-

10 Eine Skulptur ist nur ein Spiel, das Licht hat seinen Spaß daran.

nachlässigte. Tatsächlich gab sich das Heute zuversichtlich und endlich konnte Pierre Theunissen der Gegenwart mit Gelassenheit begegnen. Die verdiente Wahrnehmung und Anerkennung des Künstlers Theunissen setzte ein.

Lange hatte man keinen so vergnügten Pierre Theunissen erlebt wie in der Ausstellung der Fondation Herman Krikhaar in Salernes, im Departement Var. Die Galerie, immer auf der Suche nach Ausnahmekünstlern, präsentierte von Mai bis Oktober 2013 eine Ausstellung mit dem neckischen Titel »Lance-Pierre(s)«[11]. Eine Doppelausstellung von zwei ›Pierres‹. Denn auch hinter dem zweiten Künstler, Varozza, verbarg sich ein ›Peter‹: der belgische Maler Peter Deckers-Varozza.

Pierre Theunissen war überwältigt vom Ausstellungsort, fand ihn *außergewöhnlich, so umwerfend schön.* Die schnörkellose moderne Architektur schuf das ideale Licht- und Raumambiente für seine Eisenskulpturen. Rostrot streckten sie sich dem Azur des Himmels entgegen, das reine Weiß der Mauern lieferte den idealen Kontrast. In den Spiegelungen der großen Fenster reflektierte sich skulpturale Sachlichkeit, die ihre Entsprechung in der geometrisch angelegten Naturlandschaft fand.

Lichtdurchflutete Innenräume setzten Theunissens Palmenholzskulpturen bestens in Szene und verführten den Bildhauer zu dem Superlativ: dies sei eine der schönsten Ausstellungen seines Lebens! Der reife Künstler Theunissen konnte Bilanz ziehen. Er erläuterte vor Presse und Publikum sein Werk. Erzählte von der Suche nach einem Material, das seine inneren Dialoge umsetzen, seinem Zweifel, seinen

11 »lance-pierres« ist die Steinschleuder

Kämpfen um kreatives Schaffen Ausdruck verleihen konnte. Maserungen, Verästelungen, Glanz wären Störfaktoren gewesen, weil sogenanntes ›schönes Holz‹ eigene ästhetische Schwerpunkte setzte. Das Palmenholz aber war wie geschaffen, um die Einfachheit seiner Gedanken und Vorstellungen, seiner Wünsche und Obsessionen auszudrücken. Im Rückblick erklärte der Künstler die Palmenholzphase zu seiner inneren ›Sturm und Drang-Zeit‹.

In all diesen drangvollen Jahren hatte Jeanine Theunissen ihrem Mann zur Seite gestanden. Die Beste von allen Frauen hatte sich jahrzehntelang zurückgenommen, angepackt, wenn sie gebraucht wurde. Eine Frau, um die ihn selbst Max Ernst beneidet hatte: »So eine Assistentin ließe ich mir auch gefallen!« Die Französin hatte das Potenzial des jungen Deutschen erkannt und dabei außergewöhnliches Kunstempfinden gezeigt. Sie hatte sich von der Besessenheit des Bildhauers nicht abschrecken lassen, denn sie verfügte über eine große Seele, war klug, das Licht gegen [s]eine Dunkelheit, eine geduldige Pflegerin, eine Klarheit im Äußeren und Inneren, hilfsbereit zu jeder Zeit, freigebig und körperlich eine bemerkenswerte Frau. Sie hatte die Rolle des Bodenpersonals für seine künstlerischen Höhenflüge klaglos akzeptiert, bis es zum eigenen »Urknall« kam.

Das Auto war schon gepackt für die Reise in das Wochenendhaus im Piemont. Jeanine Theunissen eilte noch einmal schnell zu ihrem Bruder ins Dorf, rutschte unterwegs aus und zog sich eine Bänderzerrung zu, die sie für etliche Tage ans Bett fesselte. Eine aktive Frau war zur Untätigkeit verdammt. »Bring mir bitte mal Papier und Aquarellfarben!«, bat sie ihren Mann. Die ersten Versuche zeigten schnell, dass Aquarellieren ihr nicht lag. Stattdessen brachte ihr

Pierre Theunissen Acrylfarben. Der »Urknall« setzte eine Kreativität frei, die niemand bei ihr vermutet hatte. Souverän und interessiert verfolgte Pierre Theunissen von Anfang an die künstlerische Entwicklung seiner Frau, schätzte ihre Eigenständigkeit und Originalität. In seinem »Wort zur Künstlerin Jeanine Einaudi« für ihren ersten Ausstellungskatalog griff er Beuys' These von der Kreativität auf, die in jedem Wesen existent sei und nur auf den »Urknall« warte, der sie freisetzt.

Pierre Theunissen wusste um den Segen der Kreativität. Sie war für ihn *der Mittelpunkt der Natur und der Menschen. Sie ruht im Menschen, um in einem kleinen Augenblick durch eine fast unbedeutende Begebenheit aktiv zu werden. Leider erlebt der größere Teil der Menschen dieses Initial nicht. Trotzdem ist sie in jedem Menschen als Möglichkeit. Je öfter sie bei den Menschen hervorgebracht wird, desto besser erginge es der Welt.*

Von Anfang an experimentierte Jeanine mit ähnlicher Obsession wie ihr Mann. Schuf Bild um Bild. Als ein deutscher Freund aus Kleve zu Besuch kam, um eine von Theunissens Palmenholzskulpturen zu kaufen, wurde er auf Jeanines Bilderserie aufmerksam. Was die wohl kosten würden, erkundigte er sich. *Um Preis wird nicht gehandelt*, schaltete sich Pierre Theunissen ein und gab ihm zu verstehen – und Jeanine die Gewissheit –, wie sehr er ihre künstlerische Eigenständigkeit anerkannte. Hans Kerst zahlte den Preis, der Jeanine angemessen schien. Die Künstlerin, Jeanine Einaudi, signierte mit ihrem Mädchennamen, Freudentränen in den Augen.

»Im Alter können sich die Türen noch öffnen«, hatte Willy Maywald 1985 prophezeit und Pierre Theunissen in

Saint-Paul-de-Vence neben dem versöhnlichen Handschlag auch den Rat mit auf den Weg gegeben, nicht den Mut zu verlieren.

Tore öffneten sich im Jahre 2013 durch die Begegnungen mit einer Galeristin und einem bedeutenden Kunstsammler.

Die Kunsthändlerin hatte Pierre Theunissens Entwicklung seit Langem verfolgt und seine Werke auf Ausstellungen im Auge behalten. Sie erinnerte sich nicht an eine bestimmte Begegnung oder Liebe auf den ersten Blick. Eher, dass sie von der Eigenwilligkeit, ja Einzigartigkeit der theunissenschen Skulpturen berührt worden war. Deshalb hatte sie Ende Dezember 2013, wenige Tage vor Weihnachten, telefonisch Kontakt zu dem Künstler aufgenommen.

Sie hatte ihn in seiner Siesta gestört, die ihm heilig war, und deshalb einen mürrischen Pierre Theunissen an der Strippe. Der sich selbst dann wortkarg gab, als die Galeristin ihm einen Käufer für drei monumentale und drei kleinere Palmenholzskulpturen avisierte.

Pierre Theunissen blieb skeptisch. Was hatte er schon für Leute in seinem Atelier empfangen! Neugierige, Großschwätzer, Hochstapler. Unvergessen blieb ihm der angebliche Kunstberater und -einkäufer eines Hamburger Stararchitekten. Er hatte sich wochenlang bei Theunissen eingenistet, dem Menschen Zeit geraubt, den Künstler von der Arbeit abgehalten. Er hatte Theunissens Gastfreundschaft überstrapaziert, so dass er ihn schließlich rausgeworfen hatte. Ein Kauf war natürlich nicht zustande gekommen, weil er gar nichts mit dem berühmten Architekten zu tun hatte.

Ende 2013 aber blätterte Pierre Theunissen in seinen Tagebüchern. Nicht die Einträge vom 3. oder 20. März 1982 wollte er revidieren: *Nach meinem Tod muß alles, meine Sculpturen und Malereien wie Zeichnungen, alles vernichtet werden.* Theunissen suchte nach einem Satz aus den Aufzeichnungen über ein Gespräch mit Max Ernst aus dem Jahr 1982, der immer noch Bestand hatte. Den zweiten Teil seiner Aussage unterstrich er mit rotem Stift: *wenn die Dinge sich tun sollten, habe ich lieber, wenn die Leute von meiner Arbeit überzeugt werden.*

2014 ergänzte Pierre Theunissen den markierten Satz in seinem Tagebuch: ein Kunstsammler war von seinem Lebenswerk überzeugt und kaufte Theunissens gesamte Werke von 1950 bis 2014 auf.

Pierre Theunissens Werk ist der Nachwelt erhalten geblieben. Seine Arbeiten sind gesichert, katalogisiert und bewertet worden. Publikationen werden die Entwicklung eines herausragenden Künstlers aufzeigen, der sich und sein Leben der Bildhauerei verschrieben und einzigartige Werke geschaffen hat. Das Museum »Espace Pierre Theunissen« im Hinterland der Côte d'Azur wurde im Sommer 2016 vollendet.

Es hatte sich also gelohnt ins höhere Alter zu kommen.

Vielleicht werde ich nach einer grösseren Kreativpause wieder zum Palmenholz greifen?

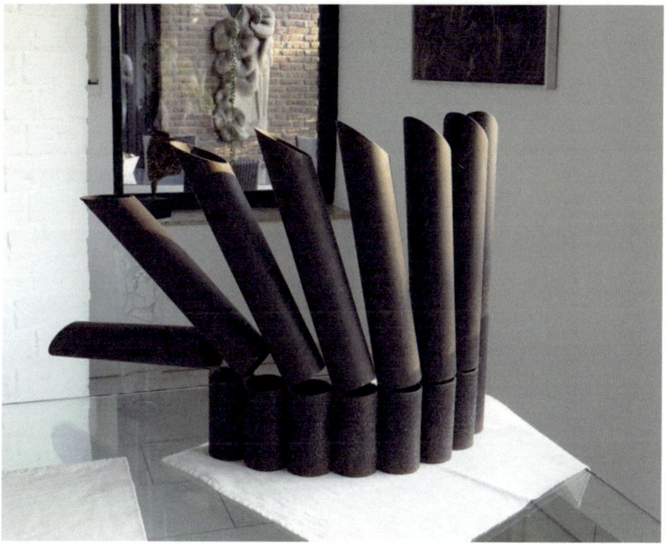

Brüche und Suche nach Halt

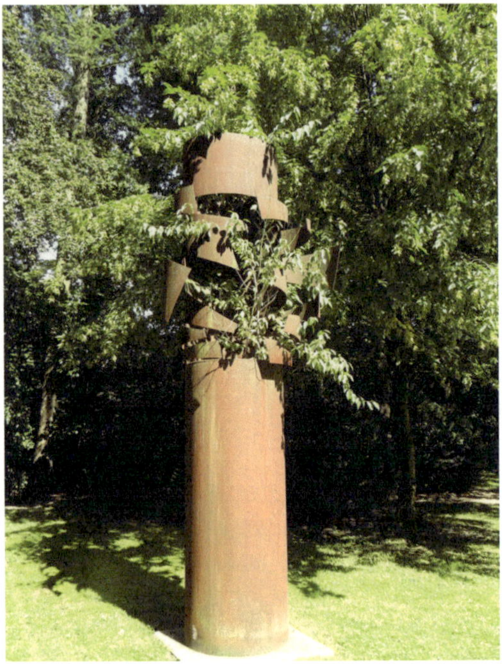

»Explosion«
Skulpturenpark Schloss Moyland

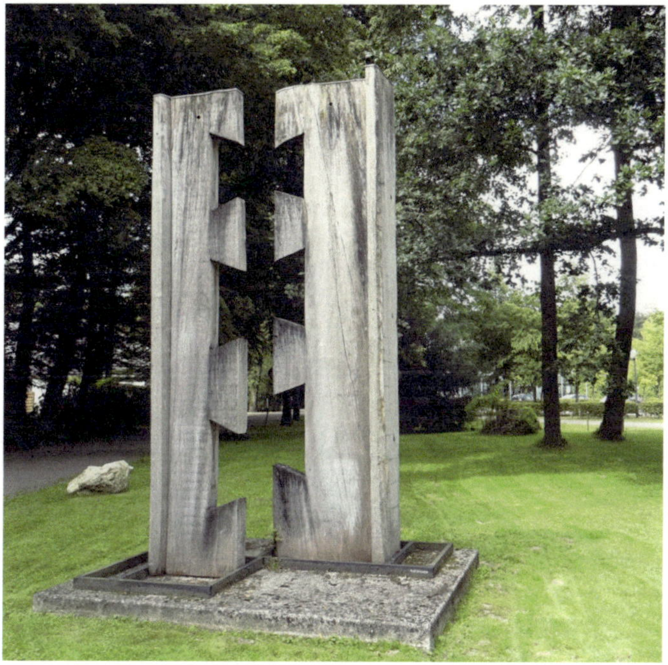

Tischlerhandwerk und Kunst begegnen sich auf Augenhöhe: »Schwalbenschwanz« vor dem Park von Schloss Moyland

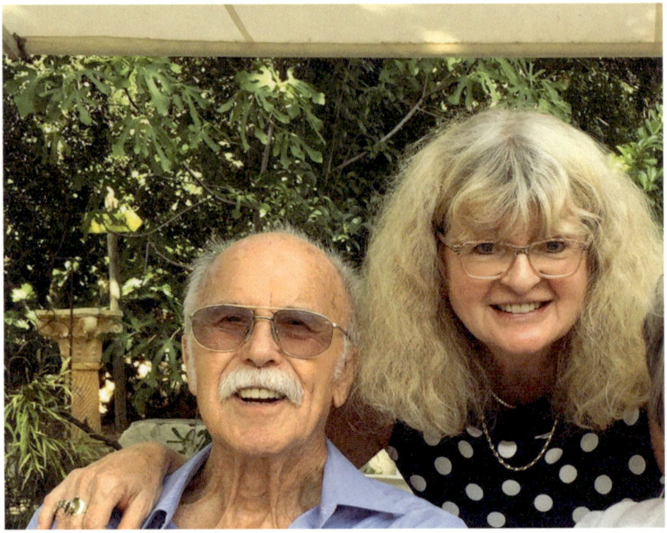

Pierre Theunissen und seine Biografin 2015
in seinem Ausstellungsraum, der Natur

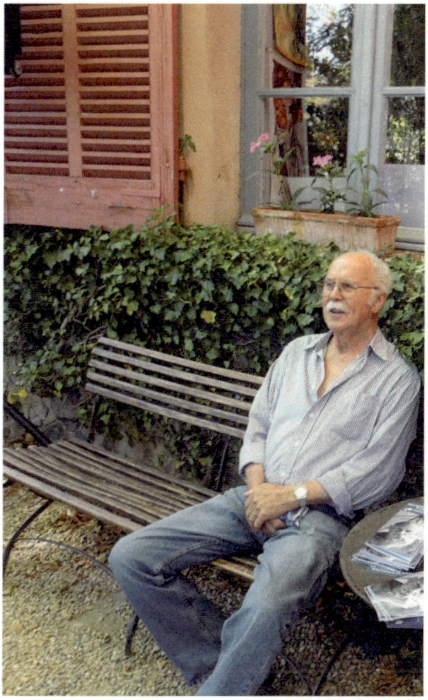

Friedlicher Rückblick
auf ein Lebenswerk

Nachwort
Pierre Theunissen 3.7.1931–25.2.2021

Vielleicht werde ich nach einer grösseren Kreativpause wieder zum Palmenholz greifen?

Die Hoffnung erfüllte sich nicht.

Die Neuausrichtung seines Lebens war nicht leicht für den Menschen, der dem Leiden am Leben mit Kreativität begegnet war. Die neue, ungewohnte Leichtigkeit schien Pierre Theunissen nun eher eine Last, der er nicht mehr schöpferischen Widerstand entgegensetzen konnte.

Einen Monat, nachdem Pierre Theunissen Zeugnis über sein Leben und Werk in Gesprächen und Aufzeichnungen abgelegt hatte, erlitt der Künstler im Februar 2016 eine Hirnblutung. Mit bekannter Willenskraft und Zähigkeit kämpfte er sich ins Leben zurück, bis er sich wieder seiner Kunst zuwenden konnte.

Der Tod seines geliebten Hundes Vivia im Sommer 2020 zerbrach seelischen und körperlichen Widerstand, so dass eine weitere intrazerebrale Blutung im Oktober 2020 auf einen gebrochenen Theunissen traf.

Ein Mensch, der in seinem Leben *immer mit aller Kraft versucht hat, die Wahrheit, seine Wahrheit zu suchen, braucht den Tod nicht zu fürchten,* hatte er vierzig Jahre zuvor seinem Tagebuch anvertraut – und versprochen, *abzuwarten bis ich auf der anderen Seite bin.*

Am 25. Februar 2021 begab sich Pierre Theunissen auf jene andere Seite. In den Armen seiner Frau.

S. 7 *Als ich nach Hause kroch und über den Wall Richtung Kleve guckte …*
Pierre Theunissen. In: Onwäär 7 Kalender für das Klever Land auf das Jahr 2004, Kleve 2003, S. 213f.

S. 8 *Die beiden trostlosen und unmenschlichen Bilder haben sich in mir festgesetzt …*
ebd. S. 215.

S. 12 *Was ist das, das immer in mir spricht? …*
Pierre Theunissen. In: Tagebuch 1 vom 14.3.1960. Unveröffentlicht. Privatbesitz.

S. 13 *Ich wollte schnitzen. Einfach mit meinen Händen …*
Pierre Theunissen im Gespräch mit Marion Tauschwitz am 8.1.16.

Ich will Bildhauer werden. Ich gehe nicht …
Pierre Theunissen im Gespräch mit Marion Tauschwitz vom 9.1.2016.

S. 14 *Dieses Bild ist ein leitendes Element gewesen …*
ebd.

»Mein Sohn will Bildhauer werden. Was soll ich nur …«
Pierre Theunissen im Gespräch mit Marion Tauschwitz vom 8.1.2016.

S. 16 *alles zu lehren was nötig war.* […] *Aufräumen einer Werkstatt, Gartenwege …*
Pierre Theunissen. In: Fünfzig Jahre. Werke 1957–2006. Stiftung Museum Schloss Moyland, S. 59.

S. 17 *Kitschbruder*
Pierre Theunissen, In: Begegnungen mit Joseph Beuys. Auszüge aus den Erinnerungen von Pierre Theunissen. In: Schriften Museum Schloss Moyland, Heft 15. Bedburg-Hau, 2001. S. 24.

S. 17 »Nee, nee, komm mal aus der Klasse raus …«
Pierre Theunissen im Gespräch mit Marion Tauschwitz vom 8.1.2016.

S. 18 *lernte wieder das Aufräumen einer Werkstatt, mit Fußbodenparkett …*
Pierre Theunissen. In: Fünfzig Jahre. Werke 1957–2006. Stiftung Museum Schloss Moyland, S. 59.

S. 19 *Knie nachgaben und zu schlottern begannen*
Pierre Theunissen. In: Tagebuch 2 vom 21.6.82. Unveröffentlicht. Privatbesitz.

»Zu essen gibt es nichts mehr. Ihr seid zu spät.« – *Nicht schlimm, …*
Pierre Theunissen im Gespräch mit Marion Tauschwitz vom 8.1.2016.

S. 20 *Da kennt er nix von …*
Hans Kerst im Gespräch mit Marion Tauschwitz vom 17.8.2016.

S. 21 *besoffen, auf den Kniescheiben…*
Pierre Theunissen im Gespräch mit Marion Tauschwitz vom 8.1.2016.

»Damit eines klar ist. Den Bildhauer …«
Pierre Theunissen im Gespräch mit Marion Tauschwitz vom 9.1.2016.

»Du musst unbedingt eine Bildhauerlehre machen …«
ebd.

»Das, was Sie bisher gemacht haben, ist, mit Verlaub …«
ebd.

»Du bist neugierig und du hast Talent genug …«
ebd.

S. 23 *die Zeiten schwer waren*
Pierre Theunissen. In: Rund um den Schwanenturm, Zeitschrift des Klevischen Vereins für Kultur und Geschichte. 33. Jahrgang 2014, Heft 38, S. 14.

S. 24 »Sie können doch nicht so unerlaubt einen Stein …«
ebd. S. 15.

Der Preis von Kunst ist nicht diskutierbar
Pierre Theunissen im Gespräch mit Marion Tauschwitz vom 9.1.2016.

S. 25 *Alle Wettbewerbsbeteiligungen von Beuys in den fünfziger Jahren …*
Pierre Theunissen. In: Begegnungen mit Joseph Beuys. Auszüge aus den Erinnerungen von Pierre Theunissen. In: Schriften Museum Schloss Moyland, Heft 15. Bedburg-Hau, 2001, S. 23.

junger Mann mit einem rund-flachen Hut auf einen ausgehöhlten Kopf geschraubt
ebd. S. 23.

»Das ist der verrückte Beuys.«
ebd. S. 24.

(Zu)Spätimpressionisten, die Stillosen, die Kitschbrüder
ebd. S. 24.

S. 26 *dieser neue Einblick in die Moderne stark erschüttert*
ebd. S. 24.

zwischen Annahme und Ablehnung …
ebd. S.24.

»Kommt nicht in Frage! Du musst nach Düsseldorf…«
Gesprächsprotokoll Tauschwitz/Theunissen vom 8.1.2016.

S. 27 *Nein, nicht hineingehen! Nicht auf Empfehlung …*
ebd.

S. 39 *Der Kerl ist begabt. Du musst ihn unterstützen.*
Pierre Theunissen im Gespräch mit Marion Tauschwitz vom 8.1.2016.

»Ein Sack Zement rechts …«
Pieter Sohl im Gespräch mit Marion Tauschwitz vom 12.9.2016.

S. 41 *Holzschnitzer aus Budapest* […] *wie man es nicht machen muss*
Pierre Theunissen. In: Die Gesetze der Serie. Skulpturen und Grafik von Pierre Theunissen. Museum Katharinenhof Kranenburg. 29. April bis 23. September 2012. Goch, 2012, S. 12

»Der Künstler ist eine Steigerung des Handwerks«
Hans Peter Riegel. In: Beuys. Die Biographie. Berlin, 2013, S. 98.

der Vorläufer von allem
Pierre Theunissen im Gespräch mit Marion Tauschwitz vom 9.1.2016.

»vielen Naturalismen den Garaus zu machen …«
Ewald Mataré. In: Mataré, Hanna, Müller, Franz (Hrsg.): Mataré, Ewald. Tagebücher. Köln, 1973, S. 271.

S. 43 *außerordentlicher Professorenbegabung*
Pierre Theunissen: Begegnungen mit Joseph Beuys. Auszüge aus den Erinnerungen von Pierre Theunissen. In: Schriften Museum Schloss Moyland, Heft 15. Bedburg-Hau, 2001, S. 25.

ungenießbarer Intellektueller, […] *von einem Fluidum …*
ebd.

S. 44 *den Abschlussarbeiten am Koch-Kreuz in Basalt …*
ebd.

S. 44 »Die Gemeinde Kellen hat einen Wettbewerb für ein Ehrenmal ausgeschrieben. Ich …«
Pierre Theunissen im Gespräch mit Marion Tauschwitz vom 8.1.2016.

»Wenn wir Ihnen in Ihrer Kunstauffassung vielleicht nicht alle folgen können, so …«
Zeitungsartikel in den Studentenunterlagen Peter Theunihsen von der Kunstakademie Düsseldorf – vermutlich Rheinische Post? Studienunterlagen Peter Theunihsen. Privatbesitz.

S. 45 »Das Leben, der Weg und die Wahrheit wachsen hinaus …«
ebd.

»Symbol für den Zukunftsweg des vielversprechenden …«
ebd.

wenn sich beim Bildhauer etwas regt. Wenn ich …
Pierre Theunissen im Gespräch mit Marion Tauschwitz vom 9.1.2016

S. 48 *modern, seine Kunstauffassung aus der Zeit heraus…*
ebd.

»Säulenheiligen der westdeutschen Nachkriegskunst«
Christian von Kageneck. In: Berliner Zeitung vom 7.7.98. Das Georg-Kolbe-Museum erinnert an den Bildhauer Karl Hartung und die Nachkriegsmoderne: Die Macht der schönen Linie – Quelle: http://www.berliner-zeitung.de/16349698 ©2016 (Zugriff am 20.9.2016.)

S. 49 »Unsichtbare sichtbar und das Sichtbare durchsichtig …«
Irmtraud von Andrian-Werbung. In: Karl Hartung. Werke und Dokumente. Hrsg. Germanisches Nationalmuseum, Nürnberg. Verlag des Germanischen Nationalmuseums, Nürnberg, 1998, S. 91. (Zugriff am 20.9.2016.) http://welt-der-form.net/Karl_Hartung/leben_und_werk.html

S. 49 »intellektuellen Nippes«
Markus Krause. In: Karl Hartung. 1908 – 1967. Metamorphosen von Mensch und Natur. Monographie und Werksverzeichnis. München, 1998, S. 80.

S. 50 »Wie denken Sie sich die Finanzierung Ihres Studiums?«
– Aus selbstverdienten Mitteln…
Kopien der Fragebögen für Studenten der Hochschule für Bildende Künste in Berlin, Aufnahmeprüfung. Privatbesitz.

Ich könnte jetzt auf Ihre Frage antworten, die Freude, …
ebd.

kotzte [Theunihsen] *an* […] *Eine Stadt? …*
ebd.

S. 51 »Der Stand seiner künstlerischen Arbeiten ist so, dass …«
Karl Hartung am 12. November 1956. In: Kopien Studienunterlagen Peter Theunihsen der Hochschule für Bildende Künste in Berlin, Privatbesitz.

S. 52 »einen neuen ›Ismus‹ zu pflegen«
Markus Krause. In: Karl Hartung. 1908 – 1967. Metamorphosen von Mensch und Natur. Monographie und Werksverzeichnis. München, 1998, S. 84.

S. 53 »Es gibt keine größere Hure als die Kunst« …
Ben Wagin. In: Nenn mich nicht Künstler. Autobiografie. Aufgezeichnet von Astrid Herbold. Mit einem Nachwort von Rainer E. Klemke. Berlin. Christoph Links Verlag GmbH, 2015, S. 20.

»Der neuaufgenommene Studierende Peter Theunihsen hat kein Geld.«
Aktenvermerk der Hochschule für Bildende Künste Berlin Charlottenburg, Kopien Studienunterlagen Peter Theunihsen. Privatbesitz.

S. 55 *reiche und glückliche Zeit*

Pierre Theunissen an Klaus Hartung vom 28.2.1958. Germanisches Museum Nürnberg, Nachlass Klaus Hartung: DKA_NL Hartung klaus_IC 513-1958_28_02a/b

die gesehenen Dinge verarbeiten

ebd.

S. 65 *Ich glaube, hier in aller Stille meinen Weg zu finden*

Pierre Theunissen an Karl Hartung im Brief vom 28.10.1959. Nachlass Hartung Germanisches Museum, Nürnberg.

verehrten Professor Hartung …

ebd.

S. 66 *Wo bist du mein Ich? Komm und erlöse mich …*

Pierre Theunissen. Unveröffentlichtes Tagebuch 1. Grasse, 5.10.1959. 17.30 Uhr. Privatbesitz.

S. 68 *Ich bin wohl der einzige Bildhauer auf der Welt, der dem Palmenholz eine …*

Pierre Theunissen, Zusatz zum unveröffentlichten Tagebuch 1 vom 5.2.2015. Privatbesitz.

so zurückhaltende Mattheit des Palmenholzes

Pierre Theunissen. Unveröffentlichtes Tagebuch 2. Les Veyans, 31.5.83. Privatbesitz.

S. 69 *so nahe dem Fleischigen entgegen gegangen*

ebd.

etwas mit dem menschlichen Körper zu tun

Pierre Theunissen im Gespräch mit Marion Tauschwitz vom 12.1.2016.

pornographischen Arbeiten zurückzuziehen

Pierre Theunissen. Unveröffentlichtes Tagebuch 2. Les Veyans, 31.5.83. Privatbesitz.

S. 69 [kein] *Skandalmacher* […] – *und alles ist ruhig verlaufen*
Pierre Theunissen. Unveröffentlichtes Tagebuch 2. Les Veyans, 2.6.83. Privatbesitz.

S. 70 *Unkultivierte Weiber drücken ihre viel zu langen Fingernägel …*
ebd.

damit in der Zeit recht zu behalten
Pierre Theunissen. Unveröffentlichtes Tagebuch 2. Les Veyans, 31.5.83. Privatbesitz.

Raum nach allen drei Richtungen in gegensätzlicher Spannung ausfüllen und …
Pierre Theunissen. Unveröffentlichtes Tagebuch 2. Les Veyans, 13.2.83. Privatbesitz.

Eine Skulptur muss dem Beschauer Tastgefühle entlocken, muss den Beschauer …
Pierre Theunissen. Unveröffentlichtes Tagebuch 1. Les Veyans, 14.8.82. Privatbesitz.

S. 71 *die Geburt einer Plastik so schmerzlich wie die eines Menschen …*
Pierre Theunissen. Unveröffentlichtes Tagebuch 1. Grasse, 6.10.1959. Privatbesitz.

Der Palmenstamm und ich sind nicht mehr einsam, wir sind Eins geworden …
Pierre Theunissen. Unveröffentlichtes Tagebuch 1. Grasse, 8.10.1959. Privatbesitz.

Eine Sculptur formen, bedeutet für mich, mich immens frei machen …
Pierre Theunissen. Unveröffentlichtes Tagebuch 2. Les Veyans, 27.1.81. Privatbesitz.

S. 72 *Alle Organe, Nerven, Knochen und Sinne spielen …*
Pierre Theunissen. Unveröffentlichtes Tagebuch 1. Les Veyans, 4.11.81. Privatbesitz.

Ohne einen Glauben zu leben, ist nicht leicht …
Pierre Theunissen. Unveröffentlichtes Tagebuch 2. Les Veyans, 11.10.1988. Privatbesitz.

S. 73 »Le marbre de Carrara était trop cher, la vieille ferraille traînait partout. Je suis devenu …«
http://www.moreeuw.com/histoire-art/cesar.htm

S. 75 *schon einige hundert Picasso-Freunde vor der Kapelle …*
Pierre Theunissen: Dankesrede. Manuskript. Ausführungen über die Zusammentreffen mit Picasso. Unveröffentlichter Privatbesitz.

So klein das große Genie …
Pierre Theunissen im Gespräch mit Marion Tauschwitz vom 12.1.2016.

innere Erregung […] *Körper in Bewegung zu setzen …*
Pierre Theunissen. Unveröffentlichtes Tagebuch 1. Les Veyans, 28.11.59. Privatbesitz.

Meine große Verehrung gilt Pablo Picasso …
ebd.

S. 77 *liebsten besten und interessantesten Freunden* […] *Lulu hat ein gutes …*
Pierre Theunissen. Unveröffentlichtes Tagebuch 2. Les Veyans, 5.4.82. Privatbesitz.

S. 78 *arrivistische Möglichkeiten* […] *Die Leute sollen von meiner Arbeit überzeugt werden.*
Pierre Theunissen. Unveröffentlichtes Tagebuch 2. Les Veyans, 11.6.1982. Privatbesitz.

S. 79 »Wenn du der liebe Gott wärst, würdest du mit blauem Himmel nicht so …«
Jens Rosteck. Brel. Der Mann, der eine Insel war.

durch das Reiben zweier Meinungen eine größere Wahrheit entstehen
Pierre Theunissen. Unveröffentlichtes Tagebuch 2. Les Veyans, 11.6.1982. Privatbesitz.

Mensch, der spricht, ohne zu sprechen
Pierre Theunissen. Unveröffentlichtes Tagebuch 1. Les Veyans, 12.10.59. Privatbesitz.

S. 80 *furchtbare Einsamkeit*
Pierre Theunissen. Unveröffentlichtes Tagebuch 1. Les Veyans, 9.3.60. Privatbesitz.

Plötzlich nahm ich eine Säge und schnitt eine Plastik von 1 m Größe in der Mitte durch…
Pierre Theunissen. Unveröffentlichtes Tagebuch 1. Les Veyans, 17.11.59. Privatbesitz.

Grundstückreiniger, Ruinenabräumer, Anstreicher, Maurer, Schreiner und …
Pierre Theunissen. Äussere Einwirkung. Weseler Museumsschriften Band 23. Städtisches Museum Wesel. Galerie im Centrum, 9.–30.4.1989. Köln, 1989.

fast wie Schliemann eine finanzielle Sicherheit erarbeitet [hatte,] *um wirklich ganz frei …*
Pierre Theunissen. Unveröffentlichtes Tagebuch 2. Les Veyans, 14.3.82. Privatbesitz.

S. 82 *Moi, sculpture, un chien (Ich, Skulptur und 'n Hund)*
Pierre Theunissen im Gespräch mit Marion Tauschwitz vom 9.1.2016.

S. 82 *alle Menschen, Mann oder Frau, nur in großer Entfernung liebe, und keinen Menschen dazu ermuntere, in seiner peinlich aufgeräumten Küche ein Glas Wasser …*
Pierre Theunissen. Unveröffentlichtes Tagebuch 1. Les Veyans, 22.5.62. Privatbesitz.

S. 83 *Aber wollte ich heute mein Tun für immer beenden, werde ich morgen …*
Pierre Theunissen. Unveröffentlichtes Tagebuch 1. Les Veyans, 17.4.60. Privatbesitz.

Scheiße, merde, gottverfluchte Sauerei. […] Ich brauche ein Weib und habe keins.
Pierre Theunissen. Unveröffentlichtes Tagebuch 1. Les Veyans, 16.4.60. Privatbesitz.

»viel Geist und Lebendigkeit des Herzens«
Hanns Lamers. In: Brief aus Kleve vom 8.3.1960, eingeheftet in Tagebuch 1.

S. 84 *alle Attribute, die einen Bildhauer auf den ersten Blick begeistern: Schönes …*
Pierre Theunissen im Gespräch mit Marion Tauschwitz vom 9.1.2016.

S. 85 *Keine bessere Frau, wie Jeanine, meine Frau, hätte ich auf der Welt finden können …*
Pierre Theunissen. Unveröffentlichtes Tagebuch 3. Les Veyans, 22.3.92. Privatbesitz.

S. 86 »Mon Dieu, was mache ich. Was wage ich?«
Pierre Theunissen. In: Der grüne Daumen. Meine Begegnung mit Picasso. Unveröffentlichtes Manuskript. Privatbesitz.

»Der Meister ist im Atelier. Ich werde nachfragen.«
ebd.

S. 95 *Was soll das Leben, wenn es nicht in Ehrlichkeit gelebt werden kann?*
Pierre Theunissen. Unveröffentlichtes Tagebuch 2. Les Veyans, 10.6.82. Privatbesitz.

S. 96 *Ich habe keine Zeit* […] »Und wenn ich dir sage …«
Pierre Theunissen. Unveröffentlicht. In: Dank und bedeutende Begegnungen. Privatbesitz.

Ich bin hier als Schreiner und damit Basta.
ebd.

S. 97 »Oh oh, un cachottier« […] »Wieso haben Sie mir verschwiegen, dass Sie Bildhauer sind?«
ebd.

»Die Arbeiten sind großartig. Außerordentlich …«
Pierre Theunissen im Gespräch mit Marion Tauschwitz am 9.1.2016.

S. 98 *in einem furchtbaren Zustand. Sie stand ganz schief …*
Pierre Theunissen. Manuskript. Unveröffentlicht. In: Unsere Erlebnisse um die die Sculptur „Végétation". Privatbesitz.

S. 99 »chien couchant«
Max Ernst: In: Ernst, Jimmy: Nicht gerade ein Stilleben. Erinnerungen an meinen Vater Max Ernst. Köln, Kiepenheuer & Witsch, 1984.

»erstochene Feinde oder verlorene Freunde«
Max Ernst. In: Pierre Theunissen. Unveröffentlichtes Tagebuch 2. Les Veyans, 10.6.82. Privatbesitz.

»Das ›*Warum*‹ ist das Entscheidende … «
Max Ernst: In: Ernst, Jimmy: Nicht gerade ein Stilleben. Erinnerungen an meinen Vater Max Ernst. Köln, Kiepenheuer & Witsch, 1984.

S. 100 »Voir clair devenait une nécessité pour mon équilibre nerveux.«

Ernst, Max: Écriture avec cent vingt illustrations extraites de l'œuvre de l'auteur. Éditions Gallimard, 1970.

tot von seinem Stöckchen, als [s]eine Schwester geboren wurde

Pierre Theunissen an Max Ernst im Brief vom 7.11.1970. Privatbesitz.

Schreibfranzösisch […] *nicht für sicher genug*

Pierre Theunissen im Brief an Max Ernst vom 7.11.1970. Privatbesitz.

S. 101 *großartigen Bildschnitzer Douverman aus Kalkar*

Pierre Theunissen: Kunst und Künstler. In: Rund um den Schwanenturm. Zeitschrift des Klevischen Vereins für Kultur und Geschichte. Heft 32. 27. Jahrgang 2008, S. 31.

S. 102 *In der Entstehung einer Sculptur oder sonstigem Kunstwerk darf nicht die Frage nach Geld …*

Pierre Theunissen. Unveröffentlichtes Tagebuch 2. Les Veyans, 2.2.81. Privatbesitz.

»Dann eben bei Iolas!«

Pierre Theunissen im Gespräch mit Marion Tauschwitz am 8.1.2016.

S. 103 *nicht sympathisch genug, um mit ihm zusammenzuarbeiten*

Pierre Theunissen. Manuskript. Unveröffentlicht. In: Dank und bedeutende Begegnungen. Privatbesitz.

Wenn sich Dinge tun sollten, habe ich lieber, wenn die Leute von meiner Arbeit überzeugt …

Pierre Theunissen. Unveröffentlichtes Tagebuch 2. Les Veyans, 11.6.82. Privatbesitz.

S. 103 *von großer Mutlosigkeit* […] *immer auf den ersten Platz geschoben werden …*
Pierre Theunissen. In: Unveröffentlichtes Tagebuch 1. Les Veyans, 8.3.1977. Privatbesitz.

solche Hilfestellungen sind im Grunde nicht gesund …
Pierre Theunissen. In: Dank und bedeutende Begegnungen. Unveröffentlicht. Privatbesitz.

S. 104 *Die Zeit tötet alle nicht ehrlichen Werke.*
Pierre Theunissen. In: Unveröffentlichtes Tagebuch 2. Les Veyans, 2.2.81. Privatbesitz.

Der gleiche bestialische Kampf, um durch Rücksichtslosigkeit, Brutalität, Habgier …
Pierre Theunissen. In: Unveröffentlichtes Tagebuch 2. Les Veyans, 3.2.81. Privatbesitz.

S. 106 »Seriez-vous disposé à rédiger un court curriculum vitae?«
Max Ernst. In: Brief an Theunissen vom 5.11.1970.

»creative individuals of outstanding talent and unusual promise«
http://williamncopley.com/programs/william-and-noma-copley-foundation/ (Zugriff: 2.1.2017.)

S. 107 »Pour Pierre et Jacqueline Theunissen, leur ami Max Ernst«. Jacqueline? »Oh, …«
Jeanine Theunissen im Gespräch mit Marion Tauschwitz vom 23.2.2017.

einem fröhlichen Mittagessen
Pierre Theunissen. In: Unsere Erlebnisse um die Sculptur „Végétation". Unveröffentlichtes Manuskript. Privatbesitz.

»Seillans war schön.«
ebd.

S. 108 *Das Ganze hat für ihn nur einen Grund …*
Pierre Theunissen. Unveröffentlichtes Tagebuch 2. Les Veyans, 10.6.82. Privatbesitz.

die blöde Idee, jeden Schaffendern nacheinander …
ebd.

nicht für Geld und Erfolg vergewaltigen
ebd.

S. 110 »so viele Meisterwerke in einem auch nur annähernd vergleichbaren Durcheinander«
Peggy Guggenheim. In: Ich habe alles gelebt. S. 335.

»diese Bilder die alten Meister der Zukunft«
Greenfield, Howard: The Devil and Dr. Barnes. Portrait of an American Art Collector. Viking Penguin Inc., 1987, S. 132.

S. 112 *nie die Bildhauerei vergessen*
Pierre Theunissen. Unveröffentlichtes Tagebuch 3. Les Veyans, 24.2.85. Privatbesitz.

S. 113 *eigene leise Gedankengänge*
Pierre Theunissen. In: Brief an Joseph Beuys vom 4.5.1971 aus Les Veyans. Joseph Beuys Archiv Moyland.

»Verschleißen muss man sich als Künstler …«
Joseph Beuys: http://beuys-der-film.de/ (Zugriff 4.9.2017)

S. 114 *Da hat er begriffen, was mit der Menschheit zu tun ist …*
Pierre Theunissen. Unveröffentlichtes Tagebuch 2. Les Veyans, 26.12.81. Privatbesitz.

Jeder, der sich mit Überzeugung einer Partei, Religion etc anschließt …
Pierre Theunissen an Joseph Beuys. Brief vom 4.5.1971. Joseph Beuys Archiv Moyland.

S. 115 *in seiner Eitelkeit und inneren Verletzbarkeit …*
Pierre Theunissen. Unveröffentlichtes Tagebuch 2. Les Veyans, 7.2.81. Privatbesitz.

erbarmungslose und kompromisslose Arbeit
Pierre Theunissen. Unveröffentlichtes Tagebuch 2. Les Veyans, 29.1.81. Privatbesitz.

Alles ist Kunst, was wir tun? … Was Beuys meint …
Pierre Theunissen. Unveröffentlichtes Tagebuch 1. Les Veyans, 4.3.1977. Privatbesitz.

S. 116 *kein Bildhauer im üblichen Sinne,* [eher] *ein intellektueller Gestalter …*
Pierre Theunissen. Journal 2. Les Veyans, 6/3/1982.

Wissen, Wissenschaft, Denken, Persönlichkeit, Bildhauerei, Politik, Religion …
Pierre Theunissen. Unveröffentlichtes Tagebuch 3. Les Veyans, 19.2.85. Privatbesitz.

alle überspitzten Werturteile in der Kunst …
ebd.

S. 117 »Alter Schnee, alles alter Schnee.«
Pierre Theunissen im Gespräch mit Marion Tauschwitz vom 11.1.2016.

S. 118 *da es nur zwei Vitrinen zu sehen gab. … Aber dann wurde ich nach einer kurzen Zeit …*
Pierre Theunissen. Unveröffentlichtes Tagebuch 3. Les Veyans, Ostern 86. Privatbesitz.

unglaubliches Leben […] *Das Leben gab ihm die Möglichkeit vom tiefsten Stand der …*
Pierre Theunissen. Unveröffentlichtes Tagebuch 3. Les Veyans, 24.1.86. Privatbesitz.

S. 118 *großen Bildhauersterben in und aus Kleve* […] *sehr leer*
Pierre Theunissen. Unveröffentlichtes Tagebuch 3. Les Veyans, 17.6.86. Privatbesitz

S. 125 *Ich tue mein Bestes, und wenn es nicht das Beste ist, ist es nichts.*
Pierre Theunissen. Unveröffentlichtes Tagebuch 3. Les Veyans, 30.12.86. Privatbesitz.

Mein ganzes Bemühen setze ich jetzt auf meine Person als Schaffender ein …
Pierre Theunissen. Unveröffentlichtes Tagebuch 2. Les Veyans, 6.11.81. Privatbesitz.

Meine 8 großen Sculpturen stehen wirklich gut in der Hauptallee …
Pierre Theunissen. Unveröffentlichtes Tagebuch 3. Les Veyans, 11.4.85. Privatbesitz.

S. 126 *Die Insel, auf der Jeanine und ich leben, wird immer größer.*
Pierre Theunissen. Unveröffentlichtes Tagebuch 3. Les Veyans, 10.4.94. Privatbesitz.

das Kunstleben mit seinen furchtbaren Menschen vergessen
Pierre Theunissen. Unveröffentlichtes Tagebuch 3. Les Veyans, 11.4.85. Privatbesitz.

die *Organisatioren sehr ungehalten wissen lassen, was sie mit eingezogenem Kopf …*
ebd.

für die Zukunft hier in Südfrankreich nicht mehr an solchen …
Pierre Theunissen. Unveröffentlichtes Tagebuch 3. Les Veyans, 15.12.84. Privatbesitz.

S. 126 *Holzablage in La Gaude und Grasse oder zur Holzaufstapelung im Bahnhof Cannes*
Pierre Theunissen. In: Stiftung Museum Schloss Moyland. Sammlung van der Grinten. Joseph Beuys Archiv des Landes Nordrhein-Westfalen. Pierre Theunissen – Fünfzig Jahre. Werke 1957–2006. Grafikkabinett 25.2.–13.5.3007. Skulpturenpark August 2006 – 26.8.2007. Bedburg-Hau, 2007, S. 59.

einen weißen Carrara Block mit einem Eisenring verunstaltet
Pierre Theunissen. In: Die Gesetze der Serie. Skulpturen und Grafik von Pierre Theunissen. Museum Katharinenhof Kranenburg. 29. April bis 23. September 2012. Goch, 2012, S. 62.

S. 127 *unter der immer größer werdenden Unzulänglichkeit der Menschheit, an Lebensformen …*
Pierre Theunissen. Unveröffentlichtes Tagebuch 3. Les Veyans, 24.2.98. Privatbesitz.

durch eine andere Brille
Pierre Theunissen. Unveröffentlichtes Tagebuch 2. Les Veyans, 2.11.83. Privatbesitz.

war ganz logisch, denn Skulpturen gab es nicht zu sehen. Dafür ganz kleine Beuysnachahmer.
ebd.

S. 128 *der erste Impressionist und der erste Gegenstandslose …*
ebd.

Ein Mann welcher <u>in seiner Zeit</u> …
ebd.

van Gogh in Auvers-sur-Oise einen Besuch zu machen
Pierre Theunissen. Unveröffentlichtes Tagebuch 2. Les Veyans, 1.9.83. Privatbesitz.

S. 128 *Kunstwerke sind die größten Treffpunkte der Menschheit*
ebd.

lebten in und mit der Natur, wurden von einem tierischen Instinkt getrieben …
Pierre Theunissen. Unveröffentlichtes Tagebuch 2. Les Veyans, 14.4.83. Privatbesitz.

Alles schien noch so zu sein, wie es vor 100 Jahren war. Eine tief berührende Stimmung …
Pierre Theunissen. Unveröffentlichtes Tagebuch 2. Les Veyans, 2.11.83. Privatbesitz.

S. 129 *als versteinerte Säule stehen*
ebd.

weiter fabrizieren?
Pierre Theunissen. Unveröffentlichtes Tagebuch 3. Les Veyans, 6.5.90. Privatbesitz.

»die Allegorie der Verabschiedung und Erlösung eines Werkstoffes«
Thomas Maier. In: Stiftung Museum Schloss Moyland. Sammlung van der Grinten. Joseph Beuys Archiv des Landes Nordrhein-Westfalen. Pierre Theunissen – Fünfzig Jahre. Werke 1957–2006. Grafikkabinett 25.2.–13.5.3007. Skulpturenpark August 2006 – 26.8.2007. Bedburg-Hau, 2007, S. 11.

Aufgeben? Sich selbst aufgeben?
Pierre Theunissen. Unveröffentlichtes Tagebuch 3. Les Veyans, 6.5.90. Privatbesitz.

S. 130 *nur die Kunst und Kultur gibt Zeugnis vom gewesenen Menschen. Dessen Lebensform.*
Pierre Theunissen. Unveröffentlichtes Tagebuch 2. Les Veyans, 21.2.84. Privatbesitz.

S. 130 *wie ein angeschlagenes Tier, was von Gesunden gefressen wird*
Pierre Theunissen. Unveröffentlichtes Tagebuch 2. Les Veyans, 2.11.83. Privatbesitz.

barocken Sinnlichkeit
Pierre Theunissen im Gespräch mit Marion Tauschwitz vom 9.1.2017.

»unverhohlener Sinnlichkeit«
Robert Butheau. In: Butheau, Robert. Arand, Werner. Theunissen, Pierre (Hrs): Theunissen : sculptures, peintures, dessins. Plastiken, Malereien, Zeichnungen. 1985, S. 2.

S. 131 »Das Holz stellt Fragen, der Beton gibt einen Seufzer von sich. Das Holz …«
Robert Butheau. Arand, Werner. Theunissen, Pierre (Hrsg.): Theunissen : sculptures, peintures, dessins. Plastiken, Malereien, Zeichnungen. 1985, S. 3.

S. 132 *Eisenguß, Beton und Holz, das sind die neuen Materialklänge*
Pierre Theunissen. Unveröffentlichtes Tagebuch 3. Les Veyans, 8.12.85. Privatbesitz.

zum Weichteil geworden, oder innere Organe …
ebd.

S. 133 *symbolhafte Wiedergabe unseres unfreien Lebens …*
Pierre Theunissen. Unveröffentlichtes Tagebuch 3. Les Veyans, 8.12.85. Privatbesitz.

Der Tag der Preisverleihung war furchtbar. […] wie einem Rennfahrer […] Wollten sie uns mit der Bronzesculptur zeigen, was Bildhauerei ist? […] mit der Trophäe sitzen.
ebd.

S. 133 *mit großen Qualen durch den ganzen Körper*
ebd.

angeborenen Pessimismus
Pierre Theunissen. Unveröffentlichtes Tagebuch 2. Les Veyans, 8.12.83. Privatbesitz.

S. 134 *erste amerikanische Sonde von unserem Sonnensystem in ein Anderes geflogen*
Pierre Theunissen. Unveröffentlichtes Tagebuch 2. Les Veyans, 12.6.83. Privatbesitz.

›Irradiart‹ […] *einer Atomexplosion* […] *welche durch Radiation …*
Pierre Theunissen. Unveröffentlichtes Tagebuch 2. Les Veyans, 9.8.83. Privatbesitz.

S. 135 *Erfindung und Gefundenes ist noch lange keine Kunst. Dazu gehört auch …*
Pierre Theunissen. Unveröffentlichtes Tagebuch 2. Les Veyans, 12.6.83. Privatbesitz.

Schreiner-Maurer und Sonstiges
Pierre Theunissen. Unveröffentlichtes Tagebuch 2. Les Veyans, 14.9.83. Privatbesitz.

Die Erde ist ein versteinertes Faltenmeer …
Pierre Theunissen. In: Butheau, Robert. Arand, Werner. Theunissen, Pierre (Hrsg.): Theunissen: sculptures, peintures, dessins. Plastiken, Malereien, Zeichnungen. 1985.

S. 138 »Kaum ein anderes künstlerisches Werk der Gegenwart zurrt die Extreme …«
Thomas Maier. In: Pierre Theunissen. Die Gesetze der Serie. Skulpturen und Grafik von Pierre Theunissen. Museum Katharinenhof Kranenburg. 29. April bis 23. September 2012. Goch, 2012, S. 10.

S. 139 *einer schwarzen Hölle*
Pierre Theunissen. Unveröffentlichtes Tagebuch 3. Les Veyans, 24.2.85. Privatbesitz.

S. 140 *Wenn bei mir eine Schaffung daneben geht, bin ich der Schuldige, und nicht …*
Pierre Theunissen. Unveröffentlichtes Tagebuch 2. Les Veyans, 15.10.84. Privatbesitz.

Antrieb zu neuem Beginnen
Pierre Theunissen. Unveröffentlichtes Tagebuch 2. Les Veyans, 17.2.82. Privatbesitz

S. 144 *die Kreativität, um noch geistig aufrecht bis an das unumgängliche und …*
Pierre Theunissen. Einlegeblatt In: Unveröffentlichtes Tagebuch 3. Les Veyans, 10.1.1998. Privatbesitz.

S. 145 *Ich suche nicht, ich finde nicht, es ist in mir und verlangt seine Rechte.*
Pierre Theunissen. Einlegeblatt. In: Unveröffentlichtes Tagebuch 3. Les Veyans, 24.2.98. Privatbesitz.

Mon corps blessé / Mon dos coincé / Mon intérieur caché / Mon coeur percé …
Pierre Theunissen. Unveröffentlichtes Tagebuch 2. Les Veyans, 6.2.82. Privatbesitz.

Nach dem Tod von mir und Jeanine vermache ich und Jeanine alle bleibenden …
Pierre Theunissen. Unveröffentlichtes Tagebuch 2. Les Veyans, 23.3.82. Privatbesitz.

S. 146 *Vielleicht wird die Zukunft es besorgen?*
Pierre Theunissen. Unveröffentlichtes Tagebuch 2. Les Veyans, 3.3.82. Privatbesitz.

S. 146 *Nach meinem Tod muß alles, meine Sculpturen und Malereien wie Zeichnungen …*
Pierre Theunissen. Unveröffentlichtes Tagebuch 2. Les Veyans, 20.3.1992. Privatbesitz.

S. 155 *Fast 50 Jahre habe ich mich gesucht. Vielleicht sehe ich jetzt bald ein kleines Licht?*
Pierre Theunissen. Unveröffentlichtes Tagebuch 3, 9.12.95. Privatbesitz.

»Un jour le descendant de ce libérateur, apprivoisant la foudre et le séisme …«
Michel Butor. In: Stiftung Museum Schloss Moyland. Sammlung van der Grinten. Joseph Beuys Archiv des Landes Nordrhein-Westfalen. Pierre Theunissen – Fünfzig Jahre. Werke 1957–2006. Grafikkabinett 25.2.–13.5.3007. Skulpturenpark August 2006–26.8.2007. Bedburg-Hau, 2007, S. 16.

Die Künste sind Religionen einzelner Personen. Sie lassen in der Verzweiflung ein Licht …
Pierre Theunissen. Unveröffentlichtes Tagebuch 3, 16.5.90. Privatbesitz.

S. 156 *ein Überbrückungsmittel der unbeantwortbaren Fragen*
ebd.

dieses immer wieder neu Beginnende, ohne sich auf eine Wahrheit …
Pierre Theunissen. Unveröffentlichtes Tagebuch 2, 27.3.82. Privatbesitz.

diese *göttliche Position,* […] *diese gottnahe Position …*
ebd.

157 *Lebensform, Politik, Korruption, Religionen, Sekten, …*
Pierre Theunissen. Unveröffentlichtes Tagebuch 3, 24.2.98. Privatbesitz.

S. 157 *um noch geistig aufrecht bis an das unumgängliche und zugleich befreiende Ende zu kommen*
ebd.

»Was kosten ihre Dinger?«
Pierre Theunissen. Unveröffentlichtes Tagebuch 2, 30.1.83. Privatbesitz.

wirklich nichts mehr mit dem sogenannten ›Kunstleben‹ zu tun haben
Pierre Theunissen. Unveröffentlichtes Tagebuch 2, 11.5.82. Privatbesitz.

Wenn die Leute meine Arbeit lieben, finden sie …
ebd.

S. 158 *Am Besten wäre, wenn die Leute erst nach meinem Tod meine Arbeiten zu sehen bekämen …*
Pierre Theunissen. Unveröffentlichtes Tagebuch 3, 11.4.1994. Privatbesitz.

S. 160 *sagte, die Skulptur sei gut*
Pierre Theunissen im Gespräch mit Marion Tauschwitz vom 9.1.2016.

S. 162 »Der Künstler geht auf dünnem Eis. / Erschafft er Kunst? Baut er nur Scheiß? …«
Robert Gernhardt. In: Ron Manheim. Thomas Maier. In: Stiftung Museum Schloss Moyland. Sammlung van der Grinten. Joseph Beuys Archiv des Landes Nordrhein-Westfalen. Pierre Theunissen – Fünfzig Jahre. Werke 1957–2006. Grafikkabinett 25.2.–13.5.3007. Skulpturenpark August 2006 – 26.8.2007. Bedburg-Hau, 2007, S. 1.

S. 163 *Der Schaffende hat sich ganz frei zu machen …*
Pierre Theunissen. Unveröffentlichtes Tagebuch 2, 2.2.81. Privatbesitz.

S. 163 »Un jour le descendant du plus habile de ces artisans ...«
Michel Butor. In: Stiftung Museum Schloss Moyland. Sammlung van der Grinten. Joseph Beuys Archiv des Landes Nordrhein-Westfalen. Pierre Theunissen – Fünfzig Jahre. Werke 1957–2006. Grafikkabinett 25.2.–13.5.3007. Skulpturenpark August 2006 – 26.8.2007. Bedburg-Hau, 2007, S. 19.

S. 164 *Jugendtraum* [...] *grösste Ehrung*
Pierre Theunissen. In: Danksagung. Manuskript. Unveröffentlicht. Privatbesitz.

»La sculpture [...] c'est la traduction d'une émotion intime.«
Pierre Francastel. In: Pierre Theunissen. La sculpture n'est qu'un jeu, la lumière s'en amuse. Sculptures en rétrospective 1950 – 2008. Centre d'Art La Malmaison. Cannes, 2008, S. 6.

S. 165 *Die Gegenwart ist, und ist schon wieder Vergangenheit*
Pierre Theunissen. Unveröffentlichtes Tagebuch 3, 30.9.2005. Privatbesitz.

S. 166 *außergewöhnlich, so umwerfend schön*
Pierre Theunissen im Gespräch mit Marion Tauschwitz vom 9.1.2016.

S. 167 *Die Beste von allen Frauen*
Pierre Theunissen. Unveröffentlichtes Tagebuch 2, 24.1.1982. Privatbesitz.

eine große Seele, ist klug, ist das Licht gegen meine Dunkelheit
Pierre Theunissen. Unveröffentlichtes Tagebuch 3, 22.30.92. Privatbesitz.

»Bring mir bitte mal Papier und Aquarellfarben!«
Jeanine Einaudi im Gespräch mit Marion Tauschwitz vom 16.1.2016.

S. 168 *der Mittelpunkt der Natur und der Menschen. Sie ruht im Menschen …*
Pierre Theunissen. In: Thomas Maier (Hrsg): Butor – Einaudi. Paysages en Poésie. Edition Wasserburg, Band 7, Rindern, 2009, S. 75.

Um Preis wird nicht gehandelt
Hans Kerst im Gespräch mit Marion Tauschwitz vom 18.8.2016.

»Im Alter könnten sich die Türen noch öffnen«
Willy Maywald. In: Pierre Theunissen. In: Danksagung. Privatbesitz. Unveröffentlicht. S. 3.

S. 170 *Nach meinem Tod muß alles, meine Sculpturen und Malereien wie Zeichnungen …*
Pierre Theunissen. Unveröffentlichtes Tagebuch 2, 3.3.82. Privatbesitz.

wenn die Dinge sich tun sollten, habe ich lieber, wenn die Leute von meiner Arbeit …
Pierre Theunissen. Unveröffentlichtes Tagebuch 2, 11.6.82. Privatbesitz.

Erst 2014 war ein Kunstsammler von meiner Arbeit überzeugt und kaufte mein …
ebd.

Vielleicht werde ich nach einer grösseren Kreativpause wieder zum Palmenholz greifen?
Pierre Theunissen. In: Danksagung. Privatbesitz. Unveröffentlicht. S. 3.

Alle Fotos Privatarchiv Marion Tauschwitz mit Genehmigung des Künstlers.

Skulptur im Freien. Skulpturen. Zeichnungen. Galerie S. Berlin. 9. Sept. – 16. Okt. 62. Berlin, 1962.

La maison du Sculpteur Theunissen. Photos Willy Maywald. Aujourd'hui, Nr. 38, 1962.

Theunissen. Sculptures 1958 – 1975.

1000 exemplaires. Photo et Maquette Pierre Theunissen. Grasse,1975.

Pierre Theunissen. 9.4. – 28.5.1978. Städtisches Museum Wesel. Galerie im Centrum. 16.7. – 13.8.1978. Städtisches Museum Haus Koekkoek. Kleve. Wesel, 1978.

Theunissen : sculptures, peintures, dessins. Plastiken, Malereien, Zeichnungen. Grasse, 1985.

Pierre Theunissen. Äussere Einwirkung. Weseler Museumsschriften Band 23. Städtisches Museum Wesel. Galerie im Centrum, 9. – 30.4.1989. Köln, 1989.

Pierre Theunissen. Explosion. Château Sainte Roseline. Les Arcs sur Argens, 2000.

Stiftung Museum Schloss Moyland. Sammlung van der Grinten. Joseph Beuys Archiv des Landes Nordrhein-Westfalen. Pierre Theunissen – Fünfzig Jahre. Werke 1957–2006. Grafikkabinett 25.2. – 13.5.3007. Skulpturenpark August 2006 – 26.8.2007. Bedburg-Hau, 2007.

Pierre Theunissen. La sculpture n'est qu'un jeu, la lumiere s'en amuse. Sculptures en rétrospective 1950 – 2008. Centre d'Art La Malmaison. Cannes, 2008.

Pierre Theunissen. Die Gesetze der Serie. Skulpturen und Grafik von Pierre Theunissen. Museum Katharinenhof Kranenburg. 29. April bis 23. September 2012. Goch, 2012.

Wagin, Ben: Skulptur im Freien. Skulpturen. Zeichnungen. Galerie S. Berlin. 9. Sept. – 16. Okt.62. Berlin, 1962.

Guéguen, Paul. In: La maison du Sculpteur Theunissen. Photos Willy Maywald. In: Aujourd'hui, Nr. 38, 1962.

Kampfmann, Franz Josef. In: Zoltán Székessy als Lehrer. Staatliche Kunstakademie Düsseldorf. Hochschule für Bildende Künste. Düsseldorf, 1962.

Jean-Claude Caire. In: Theunissen. Sculptures 1958 – 1975.

1000 exemplaires. Photo et Maquette Pierre Theunissen. Grasse, 1975.

Arand, Werner. Guido de Werd. (Hrsg): Pierre Theunissen. 9.4. – 28.5.1978. Städtisches Museum Wesel. Galerie im Centrum. 16.7. – 13.8.1978. Städtisches Museum Haus Koekkoek. Kleve. Wesel, 1978.

Butheau, Robert. Arand, Werner. Theunissen, Pierre. In: Theunissen, Pierre (Hrs): Theunissen : sculptures, peintures, dessins. Plastiken, Malereien, Zeichnungen. Grasse, 1985.

Arand, Werner (Hrsg): In: Pierre Theunissen. Äussere Einwirkung. Weseler Museumsschriften Band 23. Städtisches Museum Wesel. Galerie im Centrum, 9. – 30.4.1989. Köln, 1989.

Jean-Claude Caire, Ingrid Molenaar: Pierre Theunissen à Château Sainte Rosseline. In: Pierre Theunissen. Explosion. Château Sainte Roseline. Les Arcs sur Argens, 2000.

Theunissen, Pierre: Begegnungen mit Joseph Beuys. Auszüge aus den Erinnerungen von Pierre Theunissen. In: Schriften Museum Schloss Moyland, Heft 15. Bedburg-Hau, 2001. S. 22 – 35.

van der Grinten, Franz-Joseph: Pierre Theunissen. In: Schriften Museum Schloss Moyland, Heft 15. Bedburg-Hau, 2001. S. 36 – 39.

Theunissen, Pierre: Hans van der Grinten. In: In Memoriam Hans van der Griten. Förderverein Museum Schloss Moyland, Bedburg-Hau, 2003.

Maier, Thomas: La Modification oder Transversalen in die dritte Wirklichkeit. In: Ron Mannheim (Redaktion): Pierre Theunissen – Fünfzig Jahre. Werke 1957–2006. Stiftung Museum Schloss Moyland. Sammlung van der Grinten. Joseph Beuys Archiv des Landes Nordrhein-Westfalen. Grafikkabinett 25.2. – 13.5.3007. Skulpturenpark August 2006–26.8.2007. Bedburg-Hau, 2007.

Pierre Theunissen. Kunst und Künstler. In: Rund um den Schwanenturm. Zeitschrift des Klevischen Vereins für Kultur und Geschichte. Heft 32. 27. Jahrgang 2008.

Ballester, Frédéric. Altmann, Frédéric. In: Pierre Theunissen. La sculpture n'est qu'un jeu, la lumiere s'en amuse. Sculptures en rétrospective 1950–2008. Centre d'Art La Malmaison. Cannes, 2008.

Maier, Thomas: Die Gesetze der Serie. In: Pierre Theunissen. Die Gesetze der Serie. Skulpturen und Grafik von Pierre Theunissen. Museum Katharinenhof Kranenburg. 29. April bis 23. September 2012. Goch, 2012.

Theunissen, Pierre. Erinnerungsblitze. In: Hans van der Grinten. In memoriam. 19. März 1929 – 22. Mai 2002. Bedburg-Hau, 2003.

Pierre Theunissen: Onwäär 7. In: Kalender für das Klever Land auf das Jahr 2004. 54. Jahrgang. Kleve 2003, S. 213 f.

Pierre Theunissen. Unveröffentlichte Tagebücher 1–3. Privatbesitz.

Eilers, Rolf: Politische Geschichte Kleves im 20. Jahrhunderts. In: Henning, Hansjoachim (Hrsg): Beiträge zur Geschichte der Stadt Kleve im 20. Jahrhundert. Klever Archiv. Schriftenreihe des Stadtarchivs Kleve, 12. Kleve, 1991.

Pierre Theunissen: Rund um den Schwanenturm, Zeitschrift des Klevischen Vereins für Kultur und Geschichte. 33. Jahrgang 2014, Heft 38, S. 14 f.

Bernhard, Thomas. Alte Meister. Komödie. suhrkamp taschenbuch 1553. Frankfurt: Suhrkamp Taschenbuch Verlag, 1988.

Boehm Gottfried, Autor. Cézanne, Paul, Illustrator. In: Paul Cézanne – Montagne Sainte-Victoire: Eine Kunst-Monographie Taschenbuch. Frankfurt: Insel Verlag, 2000.

Ernst, Jimmy: Nicht gerade ein Stilleben. Erinnerungen an meinen Vater Max Ernst. Köln, Kiepenheuer & Witsch, 1984.

Ernst, Max: Écriture avec cent vingt illustrations extraites de l'oeuvre de l'auteur. Éditions Gallimard, 1970.

Feist, Peter H.: Figur und Objekt. Plastik im 20. Jahrhundert. Eine Einführung in 200 Biografien. Leipzig, 1996.

Freundeskreis Museum Kurhaus und Koekkoek-Haus Klevee e.V. (Hrsg.): Willy Maywald. Glanz und Eleganz. Kleve, 2007.

Goethe, Johann Wolfgang. In: Sämtliche Werke in 18 Bänden. Band 10. Dichtung und Wahrheit. München, Deutscher Taschenbuch Verlag, 1977.

Greenfield, Howard: The Devil and Dr. Barnes. Portrait of an American Art Collector. Viking Penguin Inc., 1987.

Henning, Hansjoachim (Hrsg.): Beiträge zur Geschichte der Stadt Kleve im 20. Jahrhundert. Klever Archiv. Schriftenreihe des Stadtarchivs Kleve, 12. Kleve, 1991.

Kentner, Litz: Wie zwei alte Turmeulen zu einem Turmkind kamen. Meine Jahre mit Hanns und Ilse Lamers in Kleve. Freundeskreis Museum Kurhaus und Koekkoek-Haus Kleve. Kleve, 2014.

Kalender für das Klever Land auf das Jahr 1998–2010. Kleve, 1997–2009.

Klingsöhr-Leroy, Cathrin. Grosenick, Uta (Hrsg.): Surrealismus. Köln: Taschen, 2006.

Krause, Markus: Karl Hartung. 1908–1967. Metamorphosen von Mensch und Natur. Monographie und Werksverzeichnis. München, 1998.

Licht + Schatten. Chronik von St. Willibrord in Kellen. 1934–1945. Ein Tagebuch von Pastor Bullmann, Ehrendechant. Broschiert. Kleve, 1960.

Maywald, Willy: Die Splitter des Spiegels. Eine illustrierte Autobiografie. In Zusammenarbeit mit Patrick Brissard. München, 1985.

Mataré, Hanna, Müller, Franz (Hrsg.): Mataré, Ewald. Tagebücher. Köln, 1973.

Riegel, Hans Peter: Beuys. Die Biographie. Berlin, 2013.

Rosteck, Jens: Brel. Der Mann, der eine Insel war. Hamburg, 2016.

Rowell, Margit (Hrsg.): Skulptur im 20. Jahrhundert. Figur – Raumkonstruktion – Prozeß. München, 1986.

Tauschwitz, Marion: Der Künstler Pieter Sohl. Ein Künstler darf verrückt sein aber keine Schatten werfen. Heidelberg, 2015.

Theunissen, Pierre: Tagebücher 1–3. Privatbesitz.

Theurer, Michel: Le Tignet. Un petit village de Provence si tranquille. Grasse: TAC Motifs des Régions. 2016.

Trier, Eduard: Bildhauer-Theorien im 20. Jahrhundert. Neuausgabe. Berlin, 1992.

Wagin, Ben: Nenn mich nicht Künstler. Autobiografie. Aufgezeichnet von Astrid Herbold. Mit einem Nachwort von Rainer E. Klemke. Berlin. Christoph Links Verlag GmbH, 2015.